CS Lewis (1898–1963) - Kekristenan Sederhana, Dihayati Sepenuhnya

Dari Pikiran yang Enggan Menuju Kehidupan yang Berubah

Surat-surat Hidup – Seri Renungan 40 Hari | Buku 2

Oleh
CS Lewis; Zacharias Dewa Laut ;
Saya . MO Ogbe ;
C . Nyonya Ogbe ;

Table of Contents

HAK CIPTA © HALAMAN

CS Lewis (1898–1963) - Kekristenan Sederhana, Dihayati Sepenuhnya
Dari Pikiran yang Enggan Menuju Kehidupan yang Berubah
Surat-surat Hidup – Seri Renungan 40 Hari | Buku 2

PENULIS
CS Lewis
Zacharias Godseagle
Duta Besar Senin O. Ogbe
Comfort Ladi Ogbe

PENERBIT
Zacharias Godseagle dan Godseagle Ministries
Diterbitkan oleh: **Zacharias Godseagle**
Hubungi kami di https://www.otakada.org
ambassador@otakada.org
Telp/SMS +13024922440;
WhatsApp +2348032835348

PENAFIAN

Buku ini merupakan sumber renungan dan pembinaan murid. Meskipun bersumber dari tulisan-tulisan historis, termasuk *Pengakuan Santo Agustinus* , buku ini tidak dimaksudkan sebagai edisi akademis kritis atau pengganti teks-teks teologis utama. Kutipan Kitab Suci digunakan untuk tujuan renungan dan pengajaran. Interpretasi dan penerapannya disajikan dengan penuh doa dan pastoral.

PEMBERITAHUAN AYAT ALKITAB

Kecuali dinyatakan lain, kutipan Kitab Suci diambil dari terjemahan bahasa Inggris yang umum digunakan. Penekanan telah ditambahkan di beberapa tempat untuk kejelasan dan fokus renungan.

INFORMASI PENCETAKAN

Dicetak di Amerika Serikat

Edisi Pertama

TENTANG BUKU – CS Lewis (1898–1963) - Kekristenan Sederhana, Dihayati Sepenuhnya

Dari Pikiran yang Enggan Menuju Kehidupan yang Berubah

Apa yang terjadi ketika Kekristenan tidak hanya dipercaya—tetapi juga *dihayati* ?

Sebelum Mere Christianity menjadi salah satu buku Kristen paling berpengaruh di abad ke-20, penulisnya adalah seorang mualaf yang enggan—brilian, terluka, skeptis, dan menolak Tuhan. CS Lewis tidak sampai pada iman dengan mudah, dan ia juga tidak menerimanya secara sentimental. Ia berdebat untuk sampai pada keyakinan, menolaknya dengan keras, dan akhirnya menyerah pada apa yang pernah ia sebut sebagai "pertobatan yang paling putus asa dan enggan di seluruh Inggris."

Buku ini dimulai dari sana.

Mere Christianity, Fully Lived mengajak pembaca dalam perjalanan 40 hari yang membawa ide-ide Lewis *ke dalam ketaatan sehari-hari* . Mengambil inspirasi dari kehidupan awalnya, pergumulan intelektual, kehilangan pribadi, siaran masa perang, dan tulisan-tulisan abadi, buku renungan ini tidak hanya menjelaskan Kekristenan—tetapi juga **melatih pembaca untuk mempraktikkannya** .

Banyak pembaca mengagumi *Mere Christianity* namun kesulitan menerapkannya. Beberapa menganggapnya mendalam tetapi abstrak. Yang lain memuji kejelasannya sambil berharap buku itu berbicara lebih langsung tentang tekanan kehidupan modern. Buku renungan ini menjawab ketegangan yang telah lama ada itu dengan melakukan apa yang Lewis sendiri yakini harus dilakukan oleh iman: **bergerak dari akal ke tindakan, dari keyakinan ke karakter** .

Setiap hari menggabungkan:

- Sebuah **momen biografis** dari kehidupan Lewis
- Sebuah **wawasan inti** yang diambil dari *Mere Christianity* dan tulisan-tulisan terkait.
- Sebuah **refleksi modern** yang menerjemahkan pemikiran Lewis ke dalam bahasa sehari-hari.
- Suatu **tindakan praktis atau latihan spiritual** yang melibatkan pikiran, hati, dan kehendak.

Alih-alih membebani pembaca dengan teologi, buku ini secara bertahap menguraikan pembentukan—membiarkan kebenaran berakar melalui refleksi, disiplin, dan respons yang dihayati. Pembaca tidak hanya diminta untuk setuju dengan Lewis, tetapi untuk **berjalan bersamanya** , bergumul secara jujur dengan keraguan, kesombongan, penderitaan, ketaatan, dan sukacita.

Ini bukan ringkasan dari *Mere Christianity* .
Ini adalah **pendalaman terarah** .
Bukan sekadar biografi.
Bukan pula buku panduan apologetika.
Tetapi sebuah surat yang hidup—ditulis bukan di atas kertas, melainkan dalam kehidupan pembaca.
Jika Agustinus mengajarkan kita tentang hati yang gelisah, Lewis mengajarkan kita tentang kehendak yang disiplin.
Dan buku ini mengajak Anda untuk menjalani apa yang Anda yakini—satu hari demi satu hari.

UNTUK SIAPA BUKU INI DITUJUKAN

Buku ini ditujukan bagi pembaca yang berpikir mendalam—dan ingin hidup dengan penuh iman.
Buku ini ditulis untuk mereka yang mengagumi *Mere Christianity* tetapi merasa bahwa keyakinan saja bukanlah akhir dari perjalanan. Untuk mereka yang merasakan kejelasan pemikiran CS Lewis, namun merasakan ketegangan sehari-hari antara keyakinan dan praktik.
Buku ini ditujukan untuk:

- Orang Kristen yang percaya pada iman harus melibatkan **pikiran dan ketaatan.**
- Pembaca yang dibentuk oleh keraguan, akal sehat, penderitaan, atau kejujuran intelektual.
- Para pencari yang menginginkan lebih dari sekadar sentimen, tetapi kurang dari abstraksi.
- Umat beriman mendambakan pembentukan, bukan sekadar informasi.
- Para pembaca yang menjalani kehidupan modern dan membutuhkan kebenaran kuno yang diterjemahkan ke dalam realitas kehidupan.

Ini khususnya untuk mereka yang pernah berkata:

- *"Aku percaya ini—tapi bagaimana aku mewujudkannya dalam kehidupan?"*
- *"Iman saya masuk akal, tetapi kehidupan saya belum sejalan dengan iman itu."*

- *"Saya menginginkan Kekristenan yang membentuk karakter, bukan sekadar opini."*

Ini bukan buku untuk dibaca secara pasif.
Buku ini ditujukan bagi mereka yang bersedia dibentuk.

APA YANG AKAN ANDA DAPATKAN DARI PERJALANAN INI

Perjalanan renungan selama 40 hari ini dirancang untuk **membentuk pribadi secara utuh** —pikiran, hati, dan kehendak.
Melalui bacaan harian, Anda akan menerima:

• Potret Hidup CS Lewis
Anda akan bertemu Lewis bukan sebagai ikon intelektual yang jauh, tetapi sebagai seorang pria yang dibentuk oleh kesedihan, keraguan, imajinasi, disiplin, dan penyerahan diri yang enggan. Kehidupan awalnya, perjuangannya, dan transformasinya memberikan kerangka kerja manusiawi untuk iman yang terasa jujur dan mudah diakses.

• Kekristenan Sederhana yang Diterjemahkan ke dalam Kehidupan Sehari-hari
Gagasan inti dari *Kekristenan Sederhana* diungkapkan kembali dalam bahasa kontemporer dan diterapkan pada realitas sehari-hari—pekerjaan, hubungan, hati nurani, penderitaan, ketaatan, dan sukacita.

• Pembentukan Spiritual yang Terstruktur
Setiap hari mengikuti ritme yang terencana: refleksi, wawasan, dan respons—memungkinkan kebenaran untuk beralih dari pemahaman ke praktik.

• Iman yang Didorong oleh Tindakan
Perjalanan ini tidak hanya meminta Anda untuk menyetujui kebenaran Kristen. Ia mengajak Anda untuk

mempraktikkannya—melalui latihan-latihan yang disengaja yang membentuk kebiasaan, keputusan, dan karakter.

• **Kedalaman Bertahap, Bukan Membebani Alih-**
alih mengungkapkan semuanya sekaligus, renungan ini mengungkap pembentukan secara bertahap, memberikan ruang untuk refleksi, perlawanan, dan pertumbuhan.
Pada akhir empat puluh hari ini, para pembaca tidak hanya akan mengenal Lewis lebih baik.
Mereka akan memahami diri mereka sendiri dengan lebih jujur—dan lebih siap untuk menjalani apa yang mereka yakini.

TUJUH KUTIPAN ULASAN YANG KUAT

"Buku 'Mere Christianity' menjelaskan apa yang dipercaya orang Kristen. Buku ini membantu Anda menghidupinya."

"Lewis tidak mengurangi esensi iman—dan buku renungan ini pun tidak. Buku ini menantang pembaca untuk taat, bukan sekadar setuju."

"Hanya sedikit buku yang telah membentuk Kekristenan modern seperti *Mere Christianity* . Buku renungan ini akhirnya membawa ide-idenya ke dalam praktik sehari-hari."

"CS Lewis berbicara kepada pikiran modern karena ia sendiri pernah bergumul dengan keraguan. Buku ini menangkap kejujuran itu dengan indah."

"Jelas, menyegarkan, dan sangat praktis—pemikiran Lewis menjadi hidup ketika dipadukan dengan tindakan sehari-hari."

"Ini bukan pengabdian yang sentimental. Ini adalah pengabdian yang penuh pertimbangan, menuntut, dan sangat bermanfaat."

"Lewis menemui pembaca di titik di mana mereka berada—tetapi tidak pernah membiarkan mereka tetap di sana."

Shalom!

Zacharias Dewa Laut ; Amb MO Ogbe ; C.Ladi Ogbe
Pelayanan Elang Tuhan
https://www.otakada.org
ambassador@otakada.org

RINGKASAN SAMPUL BELAKANG BUKU BERSAMPUL TIPIS

Buku Mere Christianity menjelaskan iman. - Buku ini membantu Anda menghidupi iman tersebut.

Sebelum CS Lewis menjadi salah satu suara paling berpengaruh dalam Kekristenan, ia adalah seorang mualaf yang enggan—brilian, terluka, skeptis, dan menolak Tuhan. Perjalanannya dari keraguan menuju penyerahan diri membentuk *Mere Christianity* , sebuah buku yang telah membimbing jutaan orang menuju iman.

Buku Mere Christianity, Fully Lived mengajak pembaca untuk melangkah lebih jauh.

Renungan 40 hari ini memadukan kehidupan awal Lewis, wawasan inti dari *Mere Christianity* , dan penerapan praktis sehari-hari ke dalam sebuah perjalanan pembentukan hidup. Alih-alih meringkas teologi, buku ini melatih pembaca untuk mempraktikkannya—hari demi hari. Setiap renungan menggabungkan biografi, kebenaran Kristen yang abadi, bahasa modern, dan tindakan yang disengaja, membantu keyakinan berpindah dari halaman ke kehidupan sehari-hari.
Ini bukan sekadar renungan.
Ini adalah undangan untuk pembentukan diri.

Bukan hanya berpikir seperti seorang Kristen—
tetapi juga hidup seperti seorang Kristen.
Surat-surat Hidup – tempat iman menjadi nyata.

DEDIKASI

Kepada semua yang beriman—
dan kepada mereka yang berjuang untuk beriman;
kepada pikiran yang mencari kejelasan, hati yang mendambakan kejujuran, dan kehidupan yang masih ditulis oleh rahmat Tuhan.
Bagi para pembaca yang sedang menempuh perjalanan panjang
dari akal menuju penyerahan diri, dari iman yang diuji menuju iman yang dihayati sepenuhnya.

UCAPAN TERIMA KASIH

Karya ini berdiri di atas landasan iman yang direnungkan dengan saksama dan dihayati dengan berani.

Kami sangat bersyukur atas kesaksian abadi **CS Lewis** , yang kejujuran intelektualnya, kejelasan imajinatifnya, dan ketaatannya yang rendah hati terus membimbing banyak pembaca menuju Kekristenan yang lebih dalam dan lebih abadi. Meskipun terpisah oleh waktu, suaranya tetap sangat terasa—menyeru pikiran modern untuk mempertimbangkan kebenaran, kebaikan, dan pribadi Kristus bukan sebagai ide abstrak, tetapi sebagai Tuhan yang hidup.

Kami menghargai banyak cendekiawan, guru, pendeta, dan penulis yang dengan cermat melestarikan dan menafsirkan kehidupan dan tulisan Lewis sehingga perjalanan renungan ini dapat terwujud. Kerja keras mereka telah membantu memastikan bahwa iman yang didasari akal tetap dapat diakses oleh setiap generasi baru.

Kami juga berterima kasih kepada komunitas pembaca global—para pencari kebenaran, skeptis, penganut kepercayaan, dan mereka yang berjuang—yang pertanyaan, refleksi, dan kritik jujurnya telah membentuk visi buku ini. Banyak tema yang dibahas di sini muncul dari ketegangan nyata yang diungkapkan oleh para pembaca *Mere Christianity* : keinginan akan kejelasan tanpa kekakuan, keyakinan tanpa kesombongan, dan kepercayaan yang mengubah kehidupan sehari-hari daripada hanya bersifat teoritis.

Ucapan terima kasih khusus ditujukan kepada mereka yang telah berkontribusi pada kerangka devosional dan penerapan spiritual karya ini. Ketelitian dan pertimbangan Anda dalam berdoa telah membantu membentuk buku ini bukan hanya sebagai refleksi atas gagasan Lewis, tetapi juga sebagai ajakan untuk menghidupinya.

Di atas segalanya, kita mengakui Tuhan—yang menemui pikiran yang enggan dengan kesabaran, mengejar hati yang

tersesat dengan kasih karunia, dan terus menulis surat-surat hidup melalui kehidupan biasa yang diserahkan kepada kehendak-Nya.
Semoga karya ini bukan menjadi titik akhir, melainkan menjadi sebuah permulaan.

PENGAKUAN PENERBIT

Buku ini diterbitkan sebagai bagian dari **Seri Renungan 40 Hari Surat-surat Hidup** , sebuah inisiatif pemuridan yang bertujuan membentuk orang percaya yang imannya tidak hanya diakui, tetapi juga diwujudkan.

Seri ini dimulai dengan ***St. Agustinus dari Hippo (354–430 M): Dari Hati yang Gelisah Menuju Kehidupan yang Tertulis*** , yang menelusuri perjalanan Agustinus dari pergolakan batin menuju ketaatan yang pasrah. Jilid pertama itu menetapkan keyakinan utama dari karya ini: bahwa Tuhan terus menulis kebenaran-Nya melalui kehidupan yang penuh penyerahan diri, dan bahwa kesaksian pria dan wanita yang setia tetap menjadi pengajaran yang hidup bagi Gereja saat ini.

Volume pertama dalam seri Surat-surat Hidup tersedia di sini: **https://www.amazon.com/ST-AUGUSTINE-HIPPO-354-430-Devotional-ebook/dp/B0GJN8N9XS**

Buku Mere Christianity, Fully Lived melanjutkan visi ini dengan menelaah kehidupan dan pemikiran **CS Lewis** , yang pertobatannya yang enggan dan imannya yang disiplin berbicara dengan sangat kuat kepada pikiran modern. Jika Agustinus mengungkapkan hati yang gelisah, Lewis menghadapi kehendak yang menentang—menyeru orang percaya melampaui kepercayaan menuju ketaatan sehari-hari.

Godseagle Ministries menerbitkan seri Living Epistles dengan mandat yang jelas: untuk mengelola sumber daya yang berpusat pada Alkitab yang memuridkan bangsa-bangsa, memperkuat Gereja, dan memperlengkapi orang percaya untuk hidup secara nyata sebagai duta Kristus. Kami percaya bahwa iman tidak hanya ditopang oleh ide-ide semata, tetapi oleh kehidupan yang dibentuk melalui kebenaran, diuji oleh ketaatan, dan diberdayakan oleh Roh Allah.

Setiap jilid dalam seri ini dipersembahkan dengan penuh doa, dengan harapan bahwa para pembaca tidak hanya belajar dari masa lalu, tetapi juga menanggapi di masa kini—memungkinkan Tuhan untuk terus menulis surat-surat-Nya yang hidup melalui kehidupan biasa yang diserahkan kepada tujuan-Nya.

Kami bersyukur atas setiap pembaca yang memulai perjalanan ini, dengan keyakinan bahwa Tuhan yang sama yang mengubah Agustinus dan Lewis masih bekerja hingga hari ini.

KATA PENGANTAR

Kekristenan tidak pernah dipertahankan hanya oleh ide semata.
Kekristenan selalu diwariskan melalui kehidupan nyata. Dari ketaatan Abraham hingga penyerahan diri Paulus, dari pengakuan gelisah Agustinus hingga penyerahan diri yang enggan dari **CS Lewis** , Tuhan telah memilih untuk menyatakan Diri-Nya bukan hanya melalui wahyu tertulis, tetapi juga melalui iman yang diwujudkan. Kitab Suci mengungkapkan kebenaran; kehidupan menunjukkan seperti apa kebenaran itu ketika dipercaya, ditentang, diuji, dan akhirnya ditaati.

Buku ini ditulis dengan keyakinan tersebut.
Buku Mere Christianity telah membantu jutaan orang memahami apa yang dipercaya oleh orang Kristen. Buku ini telah memperjelas doktrin, menghilangkan kebingungan, dan berbicara secara persuasif kepada pikiran-pikiran yang bijaksana lintas generasi. Namun, banyak pembaca merasakan adanya kesenjangan yang tersembunyi antara pemahaman dan penghayatan—antara kesepakatan dan ketaatan. Buku renungan ini lahir untuk mengisi kesenjangan tersebut.
CS Lewis sendiri memahaminya dengan baik. Perjalanannya menuju Kristus tidak ditandai oleh antusiasme emosional atau kepastian instan, tetapi oleh perlawanan yang panjang, penalaran yang cermat, dan penyerahan diri yang akhirnya membuatnya kehilangan kendali. Dia percaya sebelum dia taat. Dia berdebat sebelum dia berlutut. Dan ketika dia akhirnya menyerah, dia melakukannya bukan karena iman terasa mudah, tetapi karena kebenaran tidak memberinya pilihan lain.

Ketegangan itu—antara keyakinan dan transformasi—tetap sangat relevan hingga saat ini.

Kita hidup di zaman yang kaya akan informasi tetapi miskin akan pembentukan karakter. Banyak orang percaya tahu apa yang mereka yakini, namun berjuang untuk menghidupinya secara konsisten. Iman ditegaskan, tetapi terkotak-kotak. Kristus dikagumi, tetapi tidak selalu diikuti. Lewis melihat bahaya ini dengan jelas dan menegaskan bahwa Kekristenan, jika benar, harus membentuk kita kembali—bukan hanya menginspirasi kita.

Buku ini mengajak Anda untuk melakukan introspeksi yang sama.

Mere Christianity, Fully Lived bukanlah panduan belajar, atau biografi dalam pengertian konvensional. Ini adalah perjalanan 40 hari yang dirancang untuk membantu iman menjadi nyata melalui refleksi harian, pemeriksaan diri yang jujur, dan respons yang disengaja. Mengambil inspirasi dari kehidupan awal Lewis, pertobatannya yang enggan, dan wawasan abadi dari *Mere Christianity* , setiap hari mengajak Anda untuk melampaui persetujuan pasif menuju ketaatan yang dipraktikkan.

Hari-hari mendatang diatur dengan sengaja. Hari-hari itu tidak terburu-buru, juga tidak membuat kewalahan. Kebenaran dibiarkan terungkap secara bertahap, memberi ruang bagi perlawanan, pengakuan, dan respons. Beberapa hari akan memperjelas. Hari-hari lain mungkin akan menimbulkan keresahan. Beberapa hari mungkin akan menghadapi kebiasaan atau asumsi yang sudah lama tidak dipertimbangkan. Itu disengaja. Pembentukan jarang terjadi tanpa gesekan.

Buku ini tidak meminta Anda untuk menjadi seperti CS Lewis.

Buku ini mengajak Anda untuk menjadi seperti yang Lewis sendiri yakini sebagai panggilan setiap orang Kristen: sebuah kehidupan di mana Kristus tidak hanya diakui, tetapi juga diungkapkan.

Saat Anda memulai, datanglah dengan jujur.
Anda tidak membutuhkan kepastian—hanya kemauan. Anda tidak membutuhkan kesempurnaan—hanya penyerahan diri. Tujuan perjalanan ini bukanlah untuk menyelesaikan empat puluh bacaan, tetapi untuk memulai cara hidup yang berbeda. Semoga halaman-halaman ini bukan berfungsi sebagai titik akhir, tetapi sebagai pintu gerbang—menuju iman yang bijaksana, disiplin, dan dihayati sepenuhnya.

ULASAN PEMBACA AWAL

"Saya sudah membaca *Mere Christianity* lebih dari sekali, tetapi buku renungan ini akhirnya membantu saya untuk lebih tenang dan membiarkan kebenaran-kebenarannya mengubah kebiasaan harian saya."

"Buku ini tidak membiarkan Anda bersembunyi di balik kekaguman terhadap Lewis. Buku ini dengan lembut namun tegas menanyakan seperti apa sebenarnya ketaatan itu."

"Perpaduan antara biografi, refleksi, dan tindakan membuat buku ini terasa seperti bimbingan spiritual yang terarah, bukan sekadar renungan."

"Yang paling mengejutkan saya adalah betapa personalnya hal ini. Perjuangan awal Lewis sangat mirip dengan perjuangan saya sendiri, jauh melebihi yang saya duga."

"Penuh pertimbangan tanpa terasa berat, menantang tanpa terasa kasar. Ini adalah renungan bagi orang-orang yang ingin imannya semakin matang."

"Saya menghargai bahwa ini tidak terburu-buru. Setiap hari dibangun di atas hari sebelumnya, memberikan

ruang untuk keyakinan, perlawanan, dan pertumbuhan."

"Pada akhir empat puluh hari itu, saya menyadari bahwa ini bukan hanya tentang Lewis atau *Mere Christianity* . Ini tentang bagaimana saya sebenarnya menjalani hidup."

PERKENALAN

"Engkau adalah surat kami, yang tertulis di dalam hati kami, yang dikenal dan dibaca oleh semua orang."
— 2 Korintus 3:2

Kekristenan tidak pernah dimaksudkan untuk tetap menjadi teori semata.

Injil tidak diberikan hanya untuk dipertahankan, dijelaskan, atau dikagumi, tetapi untuk **diwujudkan** —untuk mengambil bentuk nyata dalam kehidupan sehari-hari yang diserahkan kepada Kristus yang luar biasa. Injil tidak berakhir dengan kepercayaan; Injil dimulai dari sana. Kesaksian sejati Injil tidak hanya ditemukan dalam buku-buku, tetapi juga dalam orang-orang yang hidupnya telah diubah oleh kebenaran.

Inilah keyakinan yang mendasari seri **Surat-Surat Hidup** .

Setiap jilid dibangun di atas gagasan sederhana namun menantang: bahwa kehidupan mereka yang bergumul dengan jujur dengan Tuhan, kebenaran, dan ketaatan masih berbicara—bukan sebagai sejarah yang jauh, tetapi sebagai pengajaran yang hidup. Perjuangan, kegagalan, penundaan, dan penyerahan diri mereka pada akhirnya mengungkapkan bagaimana iman berakar dalam pengalaman manusia yang nyata.

Dalam buku ini, kita beralih kepada **CS Lewis (1898–1963)** —bukan karena ia menjalani kehidupan Kristen yang tanpa cela, tetapi karena ia menjalani kehidupan *yang jujur* .

Lewis tidak memulai sebagai seorang yang beriman dan bersemangat untuk taat. Ia memulai sebagai seorang yang enggan berpikir—tajam, imajinatif, terluka, dan menolak Tuhan. Ia mencintai akal sehat, keindahan, dan kejelasan moral, namun menolak otoritas yang dituntut oleh Kekristenan. Perjalanannya menuju Kristus bukanlah perjalanan yang cepat atau sentimental; perjalanan itu ditandai dengan perdebatan, penundaan, dan penyerahan diri yang datang dengan harga yang mahal.

Hal itu membuat suaranya menjadi sangat relevan saat ini.

Kita hidup di zaman di mana keyakinan mudah diungkapkan, tetapi ketaatan sering ditunda. Iman dibahas, diperdebatkan, dan dibagikan, namun jarang dibiarkan mengubah kehidupan sepenuhnya. Banyak orang setuju dengan Kekristenan secara prinsip sambil menegosiasikan tuntutannya dalam praktik. Lewis dengan jelas menyadari ketegangan ini dan menegaskan bahwa Kekristenan, jika benar, tidak memberi ruang untuk netralitas yang nyaman.

Buku ini mengajak Anda untuk melakukan introspeksi yang sama.

Mere Christianity, Fully Lived bukanlah pengantar pemikiran Lewis, juga bukan pengganti tulisannya. Ini adalah **perjalanan terarah** yang membawa kehidupan, ide-ide, dan klaim Kristus ke dalam dialog dengan pengalaman harian Anda sendiri. Buku ini tidak terburu-buru memberikan jawaban, tetapi juga tidak membiarkan Anda menghindar. Buku ini mengajukan pertanyaan yang harus dihadapi Lewis sendiri: *Jika ini benar, lalu bagaimana saya harus hidup?*

Bab-bab selanjutnya dirancang untuk bergerak perlahan dan dengan sengaja. Anda akan menemukan momen-momen dari kehidupan awal Lewis, wawasan yang diambil dari *Mere Christianity* , dan refleksi yang menerjemahkan kebenaran-kebenaran tersebut ke dalam bahasa modern. Setiap langkah mempersiapkan landasan untuk apa yang akan datang berikutnya, memberikan ruang untuk pengakuan sebelum respons, dan keyakinan sebelum tindakan.

Anda tidak diharapkan datang dengan kepastian.
Anda diundang untuk datang dengan kejujuran.

Tujuan dari perjalanan ini bukanlah untuk mengagumi CS Lewis, atau bahkan untuk menguasai gagasan-gagasan Kristen, tetapi untuk meneliti bagaimana keyakinan menjadi ketaatan—bagaimana kebenaran menjadi nyata dalam kebiasaan, keputusan, hubungan, dan karakter.

Sebelum perjalanan hari demi hari dimulai, bagian selanjutnya akan membantu Anda berlama-lama di tempat Lewis sendiri berlama-lama: di ruang antara perlawanan dan penyerahan, antara mengetahui dan mengalah. Di sana, landasan diletakkan untuk iman yang tidak hanya bersifat teoritis, tetapi menjadi nyata sepenuhnya.

PENDAHULUAN UNTUK BAGIAN PERTAMA

SEBELUM KEKRISTENAN SEDERHANA

Terbentuknya Jiwa yang Enggan

Sebelum Kekristenan menjadi sesuatu yang perlu dijelaskan, dipertahankan, atau dihayati, ia adalah sesuatu **yang ditentang** .

Bagian pertama buku ini tidak dimulai dengan keyakinan. Bagian ini dimulai dengan pembentukan.

Jauh sebelum *buku Mere Christianity* ditulis, kehidupan yang akan menghasilkan buku itu telah dibentuk secara diam-diam—oleh kehilangan, kerinduan, imajinasi, intelektualitas, dan kemauan yang tak pernah menyerah. Kekuatan-kekuatan awal ini tidak membawa CS Lewis langsung kepada iman. Kekuatan-kekuatan itu mempersiapkannya untuk sebuah perhitungan yang tak dapat ia hindari.

Bagian ini mengajak Anda untuk berlama-lama di sana.

Di sini, Lewis belum menjadi pemikir Kristen yang dikagumi banyak orang. Ia adalah seorang anak laki-laki yang terluka oleh kesedihan, seorang pemuda yang terbangun oleh keindahan, pikiran yang disiplin dan menentang otoritas, serta seorang skeptis yang jujur dan tidak mau menyerah tanpa alasan. Pertanyaan-pertanyaannya tidak dangkal, perlawanannya tidak sembarangan. Ia percaya bahwa kebenaran itu penting—dan keyakinan itu sendiri menjadi sesuatu yang mahal.

Inilah mengapa kisahnya tetap begitu relevan dengan zaman sekarang.

Banyak orang saat ini tidak menolak Kekristenan secara langsung. Mereka menundanya. Mereka mengaguminya. Mereka menjaganya dari jarak jauh sambil tetap dibentuk secara mendalam oleh pengalaman-pengalaman yang membuat penyerahan diri terasa tidak aman. Iman tidak diabaikan; iman ditunda. Ketaatan tidak ditolak; ketaatan dinegosiasikan.

Bagian Pertama menelusuri bagaimana postur ini terbentuk.

Bab-bab ini bukan dimaksudkan untuk meyakinkan Anda. Bab-
bab ini dimaksudkan untuk **membantu Anda mengenali diri sendiri** .

Anda belum diminta untuk setuju atau tidak setuju.
Anda diminta untuk memperhatikan—bagaimana kehilangan mengajarkan kehati-hatian, bagaimana kerinduan membangkitkan hasrat, bagaimana akal sehat menuntut kejujuran, bagaimana hati nurani menolak keheningan, dan bagaimana penyerahan diri sering terasa seperti kekalahan sebelum menjadi kebebasan.

Inilah tanah tempat *Mere Christianity* tumbuh.
Dan ini juga tanah tempat banyak pembaca masih berdiri hingga kini.

Sebelum kepercayaan berubah menjadi ketaatan, pembentukan telah dimulai.

Berikut ini bukanlah pembelaan terhadap kepercayaan, maupun peta jalan menuju iman.

Ini adalah penelusuran proses pembentukan.

Sebelum Kekristenan menjadi sesuatu yang dijelaskan CS Lewis kepada orang lain, itu adalah sesuatu yang ia tolak dalam dirinya sendiri. Pertanyaan-pertanyaannya tidak muncul begitu saja; pertanyaan-pertanyaan itu dibentuk oleh kehilangan, kerinduan, imajinasi, dan penolakan yang disiplin untuk menyerah tanpa kejujuran.

Bagian Pertama memasuki dunia batin tersebut.

Bab-bab ini tidak terburu-buru menuju kesimpulan. Bab-bab ini bergerak perlahan, dengan sengaja, menelusuri kekuatan-kekuatan yang membentuk jiwa yang enggan—kekuatan-kekuatan yang masih membentuk banyak kehidupan hingga saat ini. Di sini, kepercayaan belum menjadi ketaatan. Iman belum menjadi sesuatu yang personal. Tetapi landasannya sedang dipersiapkan.

Perjalanan dimulai ketika perlawanan masih terasa masuk akal.

BAB SATU

SEBELUM KEPERCAYAAN MENJADI KETAATAN

Bagaimana Jiwa yang Enggan Dipersiapkan untuk Kebenaran

Jauh sebelum **CS Lewis** menjadi salah satu suara yang paling dipercaya dalam pemikiran Kristen, ia adalah seorang anak laki-laki yang dibentuk oleh kesedihan, imajinasi, dan rasa haus yang tak henti-hentinya akan makna.

Kisah Lewis tidak dimulai dengan iman.
Kisahnya dimulai dengan **kehilangan** .

Di usia muda, Lewis kehilangan ibunya. Luka itu bukan hanya emosional—tetapi juga mengubah dunia batinnya. Rasa aman lenyap. Kepastian retak. Tuhan, jika Dia memang ada, tampak jauh atau tidak dapat diandalkan. Seperti banyak orang saat ini yang mengalami penderitaan di usia muda, Lewis belajar bertahan hidup dengan berpaling ke dalam—ke dalam buku, imajinasi, dan kemudian, intelektualitas. Dia membangun dunia di mana makna dapat dikendalikan, di mana akal menggantikan kepercayaan, dan di mana kerinduan dapat diungkapkan tanpa dijawab.

Ini pun terasa modern.

Banyak orang saat ini tidak menolak Kekristenan karena mereka menelitinya dengan saksama. Mereka menjauh darinya karena kehidupan menyakitkan di usia muda, pertanyaan-pertanyaan tidak terjawab, atau otoritas mengecewakan mereka. Iman tidak runtuh karena perdebatan—iman perlahan terkikis karena kekecewaan.

Kehidupan awal Lewis melatihnya untuk berpikir tajam, tetapi juga untuk mempercayai dengan hati-hati.

Seiring bertambahnya usia, imajinasinya berkembang. Mitos, legenda, puisi, dan cerita membangkitkan dalam dirinya perasaan mendalam bahwa realitas harus berarti lebih dari sekadar bertahan hidup dan kesenangan. Ia merasakan bahwa keindahan menunjuk melampaui dirinya sendiri, bahwa kerinduan mengisyaratkan sesuatu yang nyata. Namun ketika Kekristenan muncul, ia menolaknya dengan keras. Ia tidak menyangkal moralitas. Ia tidak menyangkal keindahan. Ia menyangkal **penyerahan diri** . Tuhan, jika nyata, akan menuntut lebih dari yang siap diberikan Lewis.

Jadi dia menunda.

Banyak pembaca modern langsung mengenali sikap ini. Mereka percaya ada "sesuatu yang lebih," namun ragu untuk menyebutnya Tuhan. Mereka mengagumi Kristus, namun ragu untuk mengikuti-Nya. Mereka mendambakan makna, namun takut menyerah.

Lewis hidup bertahun-tahun dalam ruang ini—yang bisa disebut sebagai **perlawanan yang jujur** . Dia tidak berpura-pura bahwa ketidakpercayaan itu mudah. Dia mengakui bahwa hukum moral menekannya. Dia tahu bahwa benar dan salah terasa nyata, mengikat, tak terhindarkan. Namun dia juga tahu bahwa jika Kekristenan itu benar, maka itu tidak memerlukan penyesuaian, melainkan **penyerahan diri** .

Ketegangan ini—antara mengetahui dan menaati—pada akhirnya membentuk inti dari **Mere Christianity** .

Buku Mere Christianity tidak ditulis sebagai deklarasi keyakinan yang penuh kemenangan. Buku itu ditempa dalam api penyerahan intelektual yang perlahan. Lewis telah berargumentasi hingga terpojok di mana kejujuran menuntut sebuah keputusan. Ia terkenal menggambarkan dirinya sebagai "orang yang paling enggan bertobat di seluruh Inggris." Pertobatannya tidak ditandai dengan ekstasi emosional, tetapi dengan runtuhnya perlawanan secara diam-diam.

Itu juga mencerminkan zaman kita.

Di dunia yang dipenuhi informasi, kepercayaan seringkali datang dengan mudah. Ketaatan tidak. Kita mengumpulkan khotbah, podcast, buku, dan kutipan, namun tetap tidak berubah. Kita bernegosiasi dengan Kristus alih-alih berlutut di hadapan-Nya. Lewis menyadari hal ini sebagai masalah utama modern—bukan ketidaktahuan, tetapi **penyerahan diri setengah-setengah** .

Buku Mere Christianity muncul ketika Lewis mencoba menjelaskan apa yang sedang ia pelajari: bahwa Kekristenan bukanlah tentang menjadi orang yang lebih baik, tetapi tentang menjadi orang yang baru. Bukan tentang mengatur perilaku, tetapi tentang menjalani transformasi. Bukan tentang menambahkan Tuhan ke dalam hidup kita, tetapi tentang membiarkan Tuhan mengatur ulang segalanya.

Kehidupan awalnya—yang ditandai dengan kesedihan, imajinasi, kebanggaan intelektual, dan penyerahan diri yang enggan—memberinya suara yang unik. Ia dapat berbicara kepada para skeptis tanpa penghinaan dan kepada orang-orang percaya tanpa sanjungan. Ia memahami jiwa modern karena ia telah hidup di dalamnya.

Jadi , ketika Lewis menulis tentang kesombongan, dia tidak sedang berteori.

Ketika dia menulis tentang moralitas, dia tidak sedang melakukan abstraksi. Ketika dia menulis tentang Kristus, dia sedang menggambarkan Seseorang yang mengganggu dunia batinnya yang tertata rapi.

Kekuatan abadi dari *Mere Christianity* terletak di sini: buku ini tidak membiarkan pembaca hanya menjadi pengamat. Buku ini dengan tenang menegaskan bahwa jika Kekristenan itu benar, maka netralitas adalah hal yang mustahil. Kristus harus ditentang atau ditaati.

Inilah mengapa karya Lewis terus melintasi generasi, budaya, dan denominasi. Ia tidak hanya menarik bagi kalangan religius yang tertutup. Ia berbicara kepada mereka yang ragu-ragu, yang bijaksana, yang terluka, dan yang diam-diam gelisah. Ia menulis untuk mereka yang merasa bahwa keyakinan tanpa transformasi adalah hampa—dan bahwa transformasi tanpa penyerahan diri adalah mustahil.

Perjalanan ini dimulai dari tempat Lewis sendiri pernah berdiri:
di antara kekaguman dan ketaatan, di antara pemahaman dan penyerahan diri, di antara kehidupan yang diarahkan oleh diri sendiri dan kehidupan yang diarahkan oleh Kristus.

Anda tidak diminta untuk setuju dengan Lewis.
Anda diundang untuk meneliti pertanyaan-pertanyaan internal yang sama yang membentuk dirinya—dan untuk memperhatikan di mana pertanyaan-pertanyaan itu sudah ada di dalam diri Anda.

Bab-bab selanjutnya tidak akan terburu-buru. Bab-bab ini tidak akan membuat Anda kewalahan. Tetapi bab-bab ini tidak akan membuat Anda acuh tak acuh.

Untuk saat ini, cukup kita sadari hal ini:
jauh sebelum iman menjadi tindakan, iman harus menjadi **pribadi terlebih dahulu** .

Perjalanan tidak dimulai dengan jawaban.
Perjalanan dimulai dengan kejujuran.

TITIK INFLEKSI

Pertanyaan untuk Introspeksi Diri yang Jujur

Pertanyaan-pertanyaan ini tidak dimaksudkan untuk dijawab dengan cepat. Pertanyaan-
pertanyaan ini dimaksudkan untuk diperhatikan.

Izinkan mereka untuk mengenali permukaan daripada menyelesaikannya.

1. **Di bagian mana dalam kisah hidup Anda sendiri keyakinan menjadi rumit—bukan karena argumen, tetapi karena pengalaman?** Momen-momen apa yang secara diam-diam membentuk kembali seberapa aman keyakinan itu terasa bagi Anda?
2. **Dalam hal apa Anda merasa lebih mudah memikirkan iman daripada menyerahkannya?** Di mana pemahaman telah menggantikan penyerahan?

3. **Kebenaran apa yang Anda setujui tetapi belum Anda taati?**
   Sebutkan secara spesifik, jangan umum.
4. **Bagaimana cara Anda secara pribadi menunda kepatuhan?**
   Melalui analisis? Pengalihan perhatian? Niat baik yang ditunda?
5. **Apa harga yang harus Anda bayar jika patuh saat ini—bukan secara hipotetis, tetapi secara konkret?**
   Kendali, identitas, atau keamanan apa yang terasa terancam?
6. **Pernahkah Anda merasa bahwa Kekristenan itu benar, namun menolaknya karena apa yang mungkin dituntutnya?**
   Renungkanlah ketegangan itu dengan jujur.
7. **Di mana kekaguman terhadap Kristus dapat berfungsi sebagai pengganti mengikuti Dia?**
   Apa yang terasa terhormat—tetapi tidak tulus?
8. **Jika netralitas bukanlah sebuah pilihan, apa yang perlu diubah dalam hidup Anda?**
   Jangan menjawab—cukup perhatikan apa yang muncul.

Orientasi Lembut untuk Pembaca

Anda belum diminta untuk bergerak.
Anda diminta untuk *melihat* .

Sebelum kepercayaan berubah menjadi ketaatan,
kebenaran harus menjadi sesuatu yang personal.

BAB DUA

Kehilangan, Kerinduan, dan Lahirnya Perlawanan

Ketika Rasa Sakit Membentuk Cara Kita Beriman

Jauh sebelum keyakinan menjadi sebuah doktrin, keyakinan dibentuk oleh pengalaman.

Bagi **CS Lewis** , kehilangan bukan hanya menyebabkan kesedihan—tetapi juga secara diam-diam melatih nalurinya. Kematian ibunya bukan hanya meninggalkan kekosongan; tetapi juga memunculkan pertanyaan yang akan terus menghantuinya selama bertahun-tahun: *Dapatkah sesuatu benar-benar dipercaya akan bertahan selamanya?*

Rasa sakit memiliki caranya sendiri untuk melakukan hal itu. Rasa sakit tidak selalu langsung mengeraskan hati. Lebih sering, rasa sakit mengajarkan hati untuk melindungi dirinya sendiri.

Lewis tidak menanggapi kehilangan dengan menolak makna. Sebaliknya, ia mencarinya tanpa henti—tetapi dengan caranya sendiri. Ia belajar sejak dini betapa rapuhnya kasih sayang, betapa tidak dapat diandalkannya kenyamanan, dan betapa cepatnya rasa aman dapat lenyap. Maka ia mulai membangun pertahanan batin—bukan tembok kepahitan, tetapi struktur kendali.

Ini pun terasa sangat modern.

Banyak orang saat ini menyimpan luka yang jarang mereka sebutkan. Kekecewaan masa kecil. Harapan yang tidak terpenuhi. Tokoh otoritas yang mengecewakan mereka. Doa yang terasa tidak terkabul. Alih-alih menghadapi kehilangan ini secara langsung, mereka belajar untuk mengkompensasinya—mengandalkan kompetensi, kemandirian, kecerdasan, atau kemandirian diri. Iman tidak ditolak mentah-mentah; iman dijaga pada jarak yang hati-hati. Penolakan Lewis terhadap Tuhan bukanlah berakar pada ketidakpedulian. Itu dibentuk oleh kehati-hatian.

Ia sangat merindukan—keindahan, sukacita, sesuatu yang melampaui dunia yang terlihat. Namun ia takut bahwa mempercayai sepenuhnya akan berisiko mengalami kekecewaan lagi. Tuhan, jika benar-benar ada, tidak hanya akan menawarkan penghiburan; Dia akan menuntut penyerahan diri. Dan penyerahan diri terasa tidak aman.

Jadi Lewis belajar untuk mengagumi dari jauh.

Pola ini sudah familiar bagi banyak orang. Kita membiarkan kerinduan itu ada, tetapi kita membatasi jangkauannya. Kita mengakui keinginan, tetapi kita menolak kerentanan. Kita mengatakan kita terbuka terhadap kebenaran—selama itu tidak mengharuskan kita untuk melepaskan kendali.

Kerugian melatih kita untuk berhitung.

Imajinasi Lewis memberinya sekilas gambaran tentang sesuatu yang lebih—momen-momen kegembiraan yang menusuk hati, pengalaman-pengalaman indah yang sekilas mengisyaratkan realitas di luar dunia materi. Tetapi pengalaman-pengalaman ini tidak langsung membawanya kepada Tuhan. Sebaliknya, pengalaman-pengalaman itu memperdalam ketegangan. Jika kerinduan seperti itu menunjuk pada sesuatu yang nyata, maka realitas itu sendiri mungkin menuntut respons.

Dan menanggapi berarti mengambil risiko.

Jadi Lewis belajar menganalisis kerinduan alih-alih menurutinya. Dia menamainya. Mempelajarinya. Mengendalikannya. Ini memungkinkannya untuk tetap jujur secara intelektual tanpa mengekspos diri secara pribadi. Dia bisa mengeksplorasi makna tanpa harus berlutut di hadapannya.

Sekali lagi, ini terasa sangat kontemporer.

Kita hidup dalam budaya yang mendorong eksplorasi tanpa komitmen. Kita menganalisis iman, mendiskusikan spiritualitas, dan mengonsumsi wawasan—namun menolak apa pun yang akan mengubah tatanan hidup kita. Kerinduan diperlakukan sebagai pengalaman yang harus dikelola, bukan sebagai sinyal untuk diikuti.

Perlawanan Lewis dibentuk di sini, dalam sikap hati-hati ini: cukup terbuka untuk bertanya, cukup tertutup untuk tetap memegang kendali.

Namun, kerinduan memiliki caranya sendiri untuk menolak pengekangan.

Keinginan-keinginan yang coba dikendalikan Lewis justru menjadi pengingat terus-menerus bahwa sesuatu—atau Seseorang—berada di luar pertahanannya. Kehilangan telah melatihnya untuk tidak mempercayai keabadian, namun kerinduan bersikeras bahwa keabadian itu ada. Rasa sakit telah mengajarinya untuk melindungi diri, namun kegembiraan menunjukkan bahwa penyerahan diri mungkin sepadan dengan risikonya.

Konflik batin ini akan menjadi salah satu ketegangan yang menentukan dalam hidupnya.

Lewis kemudian menulis tentang hasrat bukan sebagai sesuatu yang harus dipuaskan oleh pengganti duniawi, tetapi sebagai penunjuk arah yang mengarah melampaui hal-hal tersebut. Namun sebelum ia dapat mengartikulasikan wawasan ini, ia harus menghadapi implikasinya secara pribadi. Kerinduan tidak bisa netral. Ia menuntut interpretasi—dan pada akhirnya, respons.

Bagi banyak pembaca modern, bab ini menyentuh hal yang sensitif.

Kita mungkin tidak mengidentifikasi diri sebagai skeptis. Kita bahkan mungkin mengidentifikasi diri sebagai orang percaya. Namun kita menyadari naluri untuk mengelola iman dengan hati-hati—untuk membiarkan kepercayaan tanpa keterbukaan, persetujuan tanpa kerentanan, kekaguman tanpa ketaatan. Kehilangan mengajarkan kita kehati-hatian. Kerinduan mengajarkan kita kegelisahan. Di antara keduanya, perlawanan diam-diam berakar.

Kisah Lewis mengingatkan kita bahwa perlawanan tidak selalu berarti pemberontakan. Terkadang itu adalah bentuk perlindungan diri yang disamarkan sebagai kebijaksanaan. Namun Kekristenan tidak hanya puas dengan kekaguman yang hati-hati. Jika benar, ia dengan lembut namun gigih menekan pertahanan kita. Ia bertanya apakah kehati-hatian kita telah berubah menjadi penghindaran—dan apakah kerinduan kita memanggil kita di luar kendali.

Bab ini tidak meminta Anda untuk menyelesaikan ketegangan itu sekarang.

Bab ini hanya meminta Anda untuk menyadarinya.

Kerinduan bukanlah sesuatu yang terjadi secara kebetulan.

Kehilangan bukanlah sesuatu yang tidak berarti.

Keduanya membentuk cara kita mendekati Tuhan.

Sebelum kepercayaan berubah menjadi ketaatan, kekuatan-kekuatan ini harus disebutkan namanya.

Hanya dengan demikian perjalanan dapat berlanjut dengan jujur.

TITIK INFLEKSI

Pertanyaan untuk Pengamatan Jujur

Jangan terburu-buru menjawab pertanyaan-pertanyaan ini. Pertanyaan-pertanyaan
ini belum dimaksudkan untuk dijawab sepenuhnya. Beberapa di antaranya hanya dimaksudkan untuk dikenali saja.

1. **Kehilangan atau kekecewaan apa di masa kecil yang membentuk cara Anda belajar untuk**

mempercayai—atau tidak mempercayai—Tuhan?
Pertimbangkan tidak hanya kehilangan yang dramatis, tetapi juga yang tenang: harapan yang tidak terpenuhi, doa yang tidak terjawab, otoritas yang dilanggar.

2. **Dengan cara apa Anda belajar melindungi diri dari kekecewaan dengan tetap memegang kendali?**
   Di mana kehati-hatian perlahan menggantikan keterbukaan?
3. **Apa yang Anda izinkan untuk Anda kagumi dari kejauhan, tetapi Anda tolak untuk terlibat sepenuhnya?**
   Adakah versi iman yang Anda anggap indah—tetapi tidak aman?
4. **Bagaimana biasanya Anda menanggapi kerinduan—akan makna, kedalaman, atau keabadian?**
   Apakah Anda mengejarnya, menganalisisnya, mengalihkan perhatian darinya, atau menahannya?
5. **Di mana bentuk perlindungan diri mungkin menyamar sebagai kebijaksanaan atau kedewasaan?**
   Apa yang terasa "masuk akal" padahal sebenarnya adalah penghindaran?
6. **Jika kerinduan bukanlah suatu kebetulan, apa yang mungkin ditunjukkannya dalam hidup Anda saat ini?**
   Apa artinya menanggapi sinyal itu dengan serius?
7. **Apa yang terasa paling berisiko dari sikap menyerah—bukan secara teori, tetapi dalam praktik?**
   Apa yang Anda takutkan akan hilang?
8. **Pernahkah Anda menunda ketaatan bukan karena Anda tidak setuju dengan kebenaran, tetapi karena menyerah terasa tidak aman?**
   Renungkan perbedaan itu.

Orientasi Lembut untuk Pembaca

Anda belum diminta untuk menjawab pertanyaan-pertanyaan ini.
Hanya diminta untuk membiarkan pertanyaan-pertanyaan itu muncul secara jujur.
Kerinduan dan penolakan sering tumbuh bersama.
Menyebutnya sebagai kebenaran adalah tindakan pertama menuju kebenaran.

BAB TIGA

Imajinasi Tanpa Menyerah

Ketika Kecantikan Membangkitkan Hasrat tetapi Berhenti Sebelum Kepatuhan

Bagi **CS Lewis** , imajinasi bukanlah pelarian dari kenyataan—melainkan sebuah pencerahan terhadap kenyataan itu sendiri. Jauh sebelum ia percaya pada Tuhan, Lewis percaya pada makna. Keindahan menggerakkan hatinya. Kisah membangkitkannya. Mitos membuka jendela yang tidak dapat dibuka oleh kecerdasannya sendiri. Melalui puisi, legenda, dan kisah-kisah kuno, ia merasakan bahwa realitas memiliki bobot yang lebih besar daripada sekadar bertahan hidup dan kesenangan. Ada sesuatu *yang lebih* —sesuatu yang gigih, bercahaya, dan berada di luar jangkauan.

Imajinasi mengajarkan Lewis untuk merindukan sesuatu. Namun imajinasi saja tidak mengajarkannya bagaimana untuk mengalah.

Pengalaman awal Lewis tentang keindahan menghasilkan momen-momen hasrat yang kuat—yang kemudian ia sebut sebagai *kegembiraan* . Momen-momen ini tidak terpuaskan oleh objek-objek yang memicunya. Sebaris puisi, sebuah cerita, kenangan akan alam—masing-masing membangkitkan kerinduan, lalu memudar, meninggalkan rasa sakit. Pengalaman itu tak terbantahkan, tetapi maknanya tetap tak terpecahkan.

Dia mempelajari sesuatu yang penting sejak dini: keinginan bisa dibangkitkan tanpa harus dipenuhi.

Penemuan ini sangat memengaruhinya.

Alih-alih mengarahkannya langsung kepada Tuhan, imajinasi menjadi ruang di mana Lewis dapat mengalami transendensi tanpa komitmen. Ia dapat menjelajahi keajaiban tanpa penyerahan diri, keindahan tanpa ketaatan, kerinduan tanpa kesetiaan. Imajinasi memungkinkannya untuk tetap terbuka tanpa menjadi rentan.

Posisi ini bukanlah hal yang tidak biasa.

Banyak orang saat ini sangat tergerak oleh keindahan—musik, seni, cerita, keadilan, bahkan spiritualitas—namun menolak untuk menyebutkan sumbernya. Mereka merasakan kerinduan tetapi menghindari implikasinya. Mereka membiarkan imajinasi menggerakkan jiwa sambil tetap memegang kendali penuh atas kehendak.

Imajinasi menjadi jalan tengah yang aman.

Kecerdasan Lewis menganalisis pengalaman-pengalaman ini dengan cermat. Ia mempelajari hasrat alih-alih mengikutinya. Ia meneliti kerinduan alih-alih menyerah pada apa yang disarankan oleh kerinduan itu. Hal ini memungkinkannya untuk tetap jujur tentang pengalamannya sambil menunda tuntutan-tuntutan tersebut.

Namun imajinasi, begitu terbangun, menolak untuk tetap netral.

Keindahan yang ditemui Lewis justru mulai mengganggunya. Jika kerinduan bukanlah sesuatu yang acak—jika itu mengarah melampaui dunia materi—maka realitas itu sendiri mungkin terstruktur menuju sesuatu yang lebih besar. Dan jika itu benar, imajinasi bukanlah sekadar hiasan. Itu bersifat diagnostik.

Itu sedang menunjuk.

Lewis mulai menyadari bahwa keinginan terdalamnya tidak ditakdirkan untuk dipenuhi oleh hal-hal yang membangkitkannya. Itu hanyalah rambu-rambu, bukan tujuan akhir. Namun, untuk mengikuti rambu-rambu itu dibutuhkan lebih dari sekadar imajinasi. Itu membutuhkan penyerahan diri.

Dan menyerah masih terasa mahal.

Jadi Lewis terhanyut dalam kekaguman. Ia membiarkan keindahan membimbing emosinya sambil menolak otoritasnya atas hidupnya. Ia menghargai daya tarik

transendensi tanpa tunduk padanya. Imajinasi memberinya bahasa untuk kerinduan, tetapi bukan keberanian untuk patuh.
Ketegangan ini—antara melihat dan menyerah—juga secara diam-diam mengalir dalam iman modern.
Banyak orang dewasa ini tergerak oleh keindahan Kekristenan tetapi ragu-ragu menghadapi tuntutannya. Mereka mengagumi ajaran Kristus, merasakan resonansi dengan kisah penebusan, dan merasa tertarik pada visi kehidupan yang diubahkan—namun menolak klaim bahwa keindahan ini membutuhkan penataan ulang diri.
Imajinasi membangkitkan keinginan.
Ketaatan membutuhkan keputusan.
Perjalanan Lewis mengingatkan kita bahwa imajinasi adalah anugerah, tetapi bukan tujuan akhir. Imajinasi dapat mempersiapkan hati, tetapi tidak dapat menyelesaikan pekerjaan. Keindahan dapat memanggil kita menuju kebenaran, tetapi tidak dapat memaksa kita untuk berlutut.
Pada akhirnya, Lewis menyadari bahwa imajinasi tidak menyesatkannya—tetapi imajinasi saja tidak cukup.
Kerinduan tidak dimaksudkan untuk dipertahankan tanpa batas waktu. Kerinduan dimaksudkan untuk mengarah ke suatu tempat.
Bab ini tidak menyelesaikan ketegangan itu.
Bab ini hanya menyebutkannya saja.
Sebelum kepercayaan berubah menjadi ketaatan, imajinasi sering kali membangkitkan jiwa.
Tetapi penyerahan diri tetap harus menyusul.

TITIK INFLEKSI

Pertanyaan untuk Pengamatan Jujur

Jangan terburu-buru menjawab pertanyaan-pertanyaan ini. Biarkan pertanyaan-pertanyaan tersebut memunculkan pemahaman, bukan jawaban.

1. **Pengalaman keindahan, cerita, atau makna apa yang telah membangkitkan kerinduan dalam diri Anda?**
   Kapan Anda merasakan ketenangan bahwa hidup mengarah ke sesuatu yang lebih besar dari dirinya sendiri?
2. **Bagaimana biasanya Anda menanggapi kerinduan itu?**
   Apakah Anda mengejarnya, menganalisisnya, menahannya, atau mengalihkan perhatian darinya?
3. **Di mana Anda membiarkan imajinasi menggerakkan iman Anda tanpa membiarkannya membentuk ketaatan Anda?**
   Apa yang terasa menginspirasi—tetapi tetap aman dan jauh dari jangkauan?
4. **Adakah aspek-aspek Kekristenan yang Anda anggap indah tetapi Anda tolak untuk dipatuhi?**
   Sebutkan secara jujur.
5. **Dengan cara apa kekaguman dapat berfungsi sebagai pengganti kesetiaan?**
   Di mana apresiasi berhenti sebelum mencapai komitmen?
6. **Jika kerinduan adalah penunjuk jalan dan bukan tujuan, ke mana mungkin ia sedang mengarahkanmu saat ini?**
   Jangan menjawab—hanya perhatikan.
7. **Apa yang terasa paling mengancam dari membiarkan kecantikan mengarah pada kepatuhan?**
   Kontrol apa yang mungkin dipertaruhkan?

Orientasi Lembut untuk Pembaca
Imajinasi bukanlah musuh iman.
Tetapi imajinasi juga bukan garis finish.
Kerinduan mempersiapkan hati.
Penyerahan diri mempersiapkan kehidupan.

BAB EMPAT

Ateis yang Jujur

Ketika Keraguan Menolak untuk Menjadi Dangkal

Sebelum **CS Lewis** menyerahkan diri kepada iman, ia menjadi sesuatu yang jauh lebih langka daripada seorang skeptis biasa—ia menjadi seorang skeptis *yang jujur* .
Lewis tidak menolak Kekristenan karena alasan kenyamanan, pemberontakan, atau ketidakpedulian. Ketidakpercayaannya bukanlah sesuatu yang sembrono. Itu berprinsip, beralasan, dan disiplin. Dia percaya bahwa jika kebenaran itu penting, maka kenyamanan palsu adalah bahaya yang lebih besar daripada ketidaknyamanan. Karena itu, dia menolak kepercayaan sampai dia yakin kepercayaan itu dapat bertahan dari peng scrutiny.
Perbedaan ini penting.
Keraguan modern pada umumnya dangkal. Keraguan itu menghindari komitmen tanpa mempertimbangkan konsekuensinya. Keraguan Lewis tebal. Keraguan itu bergumul. Keraguan itu membuatnya terjaga di malam hari. Keraguan itu mengikuti argumen hingga kesimpulan yang tidak nyaman. Dia tidak ingin Kekristenan menjadi benar jika itu membutuhkan ketidakjujuran intelektual. Dan jika itu *benar* , dia tahu dia tidak bisa memperlakukannya dengan enteng.
Ateisme Lewis dibentuk bukan oleh permusuhan terhadap kebaikan, melainkan oleh kesetiaan kepada akal sehat.
Ia percaya bahwa alam semesta pada akhirnya acuh tak acuh—mungkin indah, tetapi tidak personal. Makna adalah sesuatu yang diproyeksikan manusia, bukan sesuatu yang mereka terima. Moralitas berguna, tetapi tidak mengikat. Keinginan itu nyata, tetapi objeknya hanyalah imajinasi.

Pandangan dunia ini memungkinkan Lewis untuk tetap koheren secara intelektual sambil menghindari otoritas yang tersirat dalam Kekristenan.

Namun, koherensi memiliki batas.

Lewis mulai menyadari keretakan dalam ketidakpercayaannya—bukan keretakan emosional, melainkan keretakan logis. Jika alam semesta benar-benar acuh tak acuh, mengapa kewajiban moral terasa tak terhindarkan? Mengapa benar dan salah menekan hati nurani dengan otoritas yang begitu besar? Mengapa ketidakadilan memicu kemarahan dan bukan sekadar ketidaksukaan?

Ia mendapati dirinya membela penilaian moral yang tidak sepenuhnya didukung oleh pandangan dunianya.

Hal ini membuatnya gelisah.

Lewis menyadari bahwa ia meminjam kepastian moral dari alam semesta yang tidak dapat dijelaskan oleh ateismenya. Ia hidup seolah-olah beberapa hal benar-benar salah—bukan hanya tidak nyaman atau tidak disetujui secara sosial, tetapi *salah secara objektif*. Pengakuan ini tidak langsung mendorongnya kepada iman, tetapi menggoyahkan keyakinannya pada ketidakpercayaan.

Keraguan yang jujur memang punya cara untuk melakukan hal itu.

Alih-alih menyelesaikan ketegangan ini dengan cepat, Lewis membiarkannya tetap ada. Ia membiarkan keraguan untuk memeriksa dirinya sendiri. Ia menolak godaan untuk melunakkan pertanyaan atau mundur ke dalam sentimen. Ia mengikuti akal sehat ke mana pun ia menuntun—bahkan ketika itu mengarah melampaui batas-batas yang ia sukai.

Inilah mengapa Lewis tetap begitu menarik bagi pembaca modern.

Dia tidak mengabaikan keraguan.

Dia tidak mengejek skeptisisme. Dia menghargai pertanyaan yang jujur sambil mengungkap keterbatasannya.

Banyak orang saat ini sangat setuju dengan sikap ini. Mereka menginginkan iman yang menghormati akal sehat. Mereka menolak kepercayaan yang menuntut jalan pintas intelektual.

Namun mereka juga merasakan bahwa keraguan, jika dibiarkan tanpa kendali, dapat menjadi tempat berlindung—tempat di mana tanggung jawab ditunda dan ketaatan diabaikan.

Kisah Lewis mengungkap kemungkinan ini dengan lembut namun tegas.

Ada perbedaan antara keraguan yang mencari kebenaran dan keraguan yang mencari penundaan. Yang satu berani. Yang lain bersifat melindungi. Lewis menemukan bahwa ketidakpercayaannya, meskipun jujur, juga merugikan. Hal itu memungkinkannya untuk menghindari penyerahan diri, tetapi pada akhirnya tidak dapat menjelaskan dunia yang ia huni. Pada akhirnya, ia akan menyadari bahwa Kekristenan tidak melanggar akal sehat—melainkan melengkapinya. Tetapi kesadaran itu masih akan datang.

Untuk saat ini, Lewis berada di posisi yang sulit namun terhormat: tidak mau percaya secara tidak jujur, namun semakin tidak mampu untuk tidak percaya dengan nyaman.

Bab ini tidak membujuk Anda untuk beriman.

Bab ini mengajukan pertanyaan yang lebih halus.

Pertanyaan yang diajukan adalah apakah keraguan Anda menjalankan fungsi yang Anda yakini—atau apakah keraguan tersebut diam-diam telah menjadi tempat berlindung dari pengambilan keputusan.

TITIK INFLEKSI

Pertanyaan untuk Pengamatan Jujur

Jangan terburu-buru membela diri saat membaca ini.

Biarkan semuanya muncul dengan tenang.

1. **Bagaimana Anda menggambarkan keraguan Anda sendiri—apakah itu rasa ingin tahu, kehati-hatian, defensif, atau belum terselesaikan?**
   Apa nada yang terkandung di dalamnya?

2. **Pernahkah Anda menunda kepatuhan sambil mengatakan pada diri sendiri bahwa Anda masih "memikirkan semuanya"?**
   Apa yang mungkin dilindungi oleh penundaan itu?
3. **Sejauh mana Anda mengharapkan Kekristenan memenuhi standar Anda sebelum Anda mempertimbangkan untuk menerimanya?**
   Apakah standar tersebut masuk akal—atau bersifat mengikat?
4. **Apakah keraguan Anda mendorong Anda menuju kebenaran, ataukah membiarkan Anda tetap ragu-ragu tanpa batas waktu?**
   Renungkan perbedaan itu dengan jujur.
5. **Keyakinan moral apa yang Anda pegang yang terasa tak terhindarkan atau mengikat?**
   Dari mana menurut Anda keyakinan tersebut berasal?
6. **Pernahkah Anda memperhatikan adanya ketegangan antara apa yang Anda katakan Anda yakini tentang realitas dan bagaimana Anda menjalani hidup di dalamnya?**
   Apa yang diungkapkan oleh ketegangan tersebut?
7. **Jika Kekristenan itu benar, dari apa keraguanmu melindungimu saat ini?**
   Jangan menjawab—hanya perhatikan.

Orientasi Lembut untuk Pembaca

Keraguan yang jujur bukanlah musuh iman.
Tetapi keraguan juga bukanlah tempat tinggal yang permanen.
Pada titik tertentu, kebenaran menuntut untuk ditaati—bukan hanya sekadar diperiksa.

BAB LIMA

Hukum Moral yang Tidak Dapat Kita Bungkam

Mengapa Benar dan Salah Tidak Bisa Dinegosiasikan

Saat **CS Lewis** meneliti ketidakpercayaannya dengan lebih cermat, satu kenyataan menolak untuk diam: kehadiran yang gigih dari *"seharusnya"* .

Ia menyadari bahwa manusia tidak hanya menyukai perilaku tertentu—mereka *mengharapkannya* . Kita berdebat seolah-olah keadilan itu penting. Kita membela diri seolah-olah kita tahu kita telah gagal. Kita mengutuk kekejaman bukan sebagai hal yang merepotkan, tetapi sebagai hal yang salah. Dan kita melakukan ini secara naluriah, di berbagai budaya dan keadaan, bahkan ketika tidak ada ruginya bagi kita untuk tetap diam.

Hal ini membuat Lewis merasa tidak nyaman.

Jika alam semesta benar-benar acuh tak acuh, kewajiban moral seharusnya terasa opsional. Namun kenyataannya tidak demikian. Benar dan salah menekan hati nurani dengan beban yang tidak dapat dijelaskan hanya sebagai naluri atau pengkondisian sosial. Orang-orang berbeda pendapat tentang detail moral, tetapi mereka jarang menekankan perbedaan pendapat itu sendiri. Sebaliknya, mereka berdebat seolah-olah ada standar bersama—dan seolah-olah orang lain harus mengakuinya.

Lewis menyadari ketegangan ini di mana-mana.

Kita membenarkan perilaku kita dengan mengacu pada keadilan.

Kita membela diri dengan menjelaskan niat. Kita menuduh orang lain seolah-olah keadilan itu nyata.

Sekalipun kita melanggar standar kita sendiri, kita tidak menyangkal keberadaannya. Kita justru mengacu pada standar tersebut.

Pengamatan ini kemudian menjadi dasar bagi **buku Mere Christianity** , tetapi jauh sebelum Lewis menulis tentang hal itu, ia bergumul dengan implikasinya secara pribadi.

Dari manakah hukum moral ini berasal?

Jika itu hanya naluri, mengapa kita merasa dibenarkan untuk memperbaikinya?

Jika itu hanya budaya, mengapa kita menghakimi budaya—termasuk budaya kita sendiri? Jika itu hanya preferensi, mengapa hal itu mengikat kita bahkan ketika tidak nyaman?

Lewis mulai menyadari bahwa kewajiban moral lebih mirip penemuan daripada ciptaan manusia—sesuatu yang ditemui daripada diciptakan. Dan jika itu benar, maka realitas itu sendiri mungkin bersifat moral.

Ini adalah pikiran yang tidak nyaman.

Alam semesta moral menyiratkan pertanggungjawaban. Pertanggungjawaban menyiratkan otoritas. Otoritas menyiratkan Seseorang di luar diri kita.

Lewis tidak terburu-buru mengambil kesimpulan ini, tetapi dia tidak dapat mengabaikan ke mana akal sehat mengarah. Dia menyadari bahwa ateismenya menjelaskan banyak hal dengan elegan—tetapi bukan hati nurani. Ateisme dapat menggambarkan perilaku, tetapi bukan kewajiban. Ateisme dapat menganalisis keinginan, tetapi bukan tanggung jawab. Hukum moral tidak memujinya.

Hukum moral tidak memaafkannya. Hukum moral justru menuduhnya.

Inilah mengapa Lewis memahami bahwa moralitas bukanlah sesuatu yang menenangkan. Moralitas tidak hanya memberi tahu kita bagaimana hidup dengan baik; moralitas juga mengungkapkan seberapa jauh kita gagal. Moralitas menyingkap kesenjangan antara apa yang kita tahu seharusnya kita lakukan dan apa yang sebenarnya kita lakukan.

Para pembaca modern langsung mengenali ketegangan ini. Kita berbicara dengan penuh semangat tentang keadilan, integritas, dan belas kasih—namun membenarkan diri sendiri ketika standar-standar tersebut menuntut pengorbanan. Kita cepat mengidentifikasi kesalahan orang lain, tetapi lambat mengakui kesalahan pada diri sendiri. Kita hidup seolah-olah kebenaran moral itu ada, namun menolak untuk sepenuhnya tunduk padanya.

Hukum moral mengungkapkan sesuatu yang meresahkan: kita bukan hanya keliru. Kita tidak konsisten.

Lewis menyadari bahwa inkonsistensi ini bukanlah hal yang sepele bagi iman—melainkan hal yang sentral. Kekristenan tidak dimulai dengan memberi tahu orang-orang betapa baiknya mereka. Kekristenan dimulai dengan memberi tahu mereka kebenaran: bahwa ada sesuatu yang salah, dan bahwa usaha diri sendiri saja tidak dapat memperbaikinya.

Dengan demikian, hukum moral bukanlah sekadar panduan etika. Ia merupakan sebuah diagnosis.

Hal itu memberi tahu Lewis bahwa umat manusia bukan hanya bodoh, tetapi juga terasing—bukan hanya tidak berpengetahuan, tetapi juga tidak selaras. Dan jika diagnosis itu akurat, maka perbaikan saja tidak akan cukup.

Transformasi akan dibutuhkan.

Kesadaran ini membawa Lewis lebih dekat kepada Kekristenan—tetapi tidak dengan nyaman. Hukum moral tidak hanya menunjuk kepada Tuhan; hukum itu menunjuk kepada kebutuhannya sendiri. Hukum itu menantang kemandiriannya. Hukum itu menggoyahkan rasa percaya dirinya yang berlebihan. Hukum itu menuntut respons, bukan kekaguman.

Namun Lewis tetap berdiri di sini, membiarkan beban kebenaran ini menekan dirinya.

Sebelum kepercayaan berubah menjadi ketaatan, hati nurani harus ditanggapi dengan serius.

Tidak dijelaskan begitu saja.

Tidak dikelola. Tidak dibungkam.

Hukum moral menolak untuk lenyap karena kita tidak bisa mengabaikannya.

TITIK INFLEKSI

Pertanyaan untuk Pengamatan Jujur

Jangan menjawab pertanyaan-pertanyaan ini dengan terburu-buru.

Biarkan pertanyaan-pertanyaan tersebut mengungkapkan pola, bukan kesimpulan.

1. **Ketika Anda menuduh orang lain melakukan kesalahan, standar apa yang Anda gunakan sebagai acuan?**
   Dari mana menurut Anda standar tersebut berasal?
2. **Bagaimana biasanya Anda menjelaskan kegagalan moral Anda sendiri?**
   Berdasarkan niat? Keadaan? Perbandingan?
3. **Apakah ada keyakinan moral yang Anda harapkan orang lain hormati tetapi Anda sendiri kesulitan untuk mematuhinya?**
   Jujurlah dan hadapi ketegangan itu.
4. **Apa yang paling sering dituduhkan oleh hati nurani Anda?**
   Apa yang diungkapkan hal itu tentang nilai-nilai yang Anda anut?
5. **Pernahkah Anda merasa tahu apa yang benar—tetapi tetap menolaknya?**
   Apa konsekuensi dari penolakan itu?
6. **Jika kewajiban moral itu nyata, apa yang dituntutnya dari Anda saat ini?**
   Jangan bertindak dulu—cukup perhatikan saja.
7. **Apa yang akan berubah jika benar dan salah tidak dapat dinegosiasikan, melainkan mengikat?**
   Apa yang perlu diatur ulang?

Orientasi Lembut untuk Pembaca
Hukum moral tidak ada untuk mempermalukan kita. Hukum moral
ada untuk mengatakan kebenaran.
Sebelum rahmat dapat diterima,
kebenaran harus dihadapi.

BAB ENAM

Ketika Menyerah Terasa Seperti Kekalahan

Mengapa Menyerah Seringkali Datang Terakhir

Pada saat **CS Lewis** berada di ambang keyakinan, masalah itu bukan lagi masalah intelektual.

Argumen-argumen telah menyempit.

Alternatif-alternatifnya telah menipis. Hukum moral telah menekan terlalu kuat untuk diabaikan.

Yang tersisa bukanlah soal kebenaran, melainkan soal **kemauan** .

Lewis menemukan bahwa perlawanan terakhir terhadap Kekristenan bukanlah ketidakpercayaan—melainkan ketakutan. Menyerah berarti kehilangan sesuatu. Tunduk berarti melepaskan kendali. Kekristenan, jika benar, tidak hanya meminta untuk dipertimbangkan. Ia meminta untuk ditaati.

Dan kepatuhan terasa seperti kekalahan.

Inilah momen yang tak pernah disebut-sebut oleh banyak orang.

Kita sering membayangkan penyerahan diri sebagai kelegaan, tetapi jarang terasa seperti itu pada awalnya. Rasanya seperti kehilangan—kehilangan otonomi, kepemilikan, hak untuk mendefinisikan diri kita sendiri sesuai keinginan kita. Lewis tidak menentang Tuhan karena ia mencintai kegelapan; ia menentang karena ia mencintai kemerdekaan.

Dia mengerti bahwa keyakinan saja tidak akan banyak mengubah keadaan. Sikap mengalah akan mengubah segalanya.

Mengakui keberadaan Tuhan adalah satu hal.
Berserah kepada-Nya adalah hal lain.
Lewis merasakan bahwa Kekristenan tidak hanya datang untuk menasihatinya, tetapi untuk **mengambil alih** .
Kekristenan tidak menawarkan kemitraan; ia menuntut kesetiaan. Dan kesetiaan berarti bahwa Lewis tidak lagi menjadi otoritas tertinggi dalam hidupnya sendiri.
Kesadaran itu memperlambat langkahnya.
Banyak pembaca modern langsung mengenali keraguan ini.
Kita mungkin menyetujui kebenaran Kristen, sepakat dengan nilai-nilai Kristen, dan bahkan mengagumi Kristus—namun menolak untuk membiarkan Dia memiliki otoritas atas keputusan, keinginan, waktu, atau identitas kita. Iman terasa mudah dikelola selama masih bersifat memberi nasihat.
Namun Kekristenan tidak tetap bersifat nasihat.
Lewis menggambarkan pertobatannya bukan sebagai momen kemenangan yang penuh sukacita, melainkan sebagai penyerahan diri yang enggan. Ia merasa dirinya ditarik, dikepung, dikejar—bukan melawan kehendaknya, tetapi di luar kendalinya. Yang akhirnya menyerah bukanlah akal sehat, melainkan perlawanan.
Menyerah terasa seperti kekalahan karena itu mengharuskannya mengakui bahwa dia tidak mandiri, tidak berdaulat, dan bukan hasil usaha sendiri.
Namun, kekalahan ini kemudian akan menampakkan dirinya sebagai kebebasan.
Tapi belum.
Pada tahap perjalanannya ini, Lewis ragu-ragu. Dia tahu bahwa begitu dia melewatinya, netralitas akan hilang. Dia tidak bisa lagi mengamati Kekristenan dari jarak yang aman.
Dia harus hidup di dalamnya.
Keraguan ini adalah hal yang sangat manusiawi.
Kita menunda bukan karena kita tidak cukup tahu, tetapi karena kita cukup tahu untuk merasa takut. Menyerah akan mengekspos kita. Itu menantang diri kita yang selama ini kita kelola dengan hati-hati. Itu menuntut kepercayaan di tempat kita telah belajar untuk melindungi diri.

Perlawanan Lewis mengingatkan kita bahwa penyerahan diri bukanlah semata-mata masalah emosional—melainkan eksistensial. Hal itu mendefinisikan ulang siapa yang memegang otoritas atas hidup kita. Dan otoritas, sekali diserahkan, tidak dapat direbut kembali tanpa konsekuensi.
Bab ini belum merayakan penyerahan diri.
Bab ini menceritakan kebenaran tentang harga yang harus dibayar untuk itu.
Sebelum keyakinan berubah menjadi ketaatan, kita harus menghadapi apa yang dituntut oleh ketaatan tersebut.
Menyerah seringkali terasa seperti kekalahan
karena mengakhiri kekuasaan diri sendiri.

TITIK INFLEKSI

Pertanyaan untuk Pengamatan Jujur

Jangan menjawab dengan defensif.
Biarkan pertanyaan-pertanyaan ini menyebutkan apa yang sebenarnya terjadi.

1. **Apa yang terasa paling mahal dari menyerahkan kendali hidup Anda kepada Tuhan?**
   Jelaskan secara spesifik.
2. **Di bidang mana Anda lebih memilih Kekristenan memberikan nasihat daripada memerintah?**
   Bidang kehidupan apa yang terasa tabu?
3. **Pernahkah Anda menunda ketaatan bukan karena Anda meragukan kebenaran, tetapi karena menyerah terasa seperti kehilangan?**
   Apa yang sedang Anda lindungi?
4. **Otoritas apa yang saat ini Anda tolak untuk diserahkan—baik dari segi waktu, keputusan,**

hubungan, atau identitas?
Renungkan penolakan itu.

5. **Apakah Anda lebih mengaitkan penyerahan diri dengan kekalahan daripada dengan kebebasan?**
Mengapa menurut Anda demikian?
6. **Jika netralitas bukan lagi pilihan, apa yang akan berubah pertama kali dalam hidup Anda?**
Jangan bertindak—hanya perhatikan.
7. **Versi diri Anda yang mana yang mungkin harus mati agar ketaatan dapat dimulai?**
Biarkan pertanyaan itu tetap terbuka.

Orientasi Lembut untuk Pembaca
Penyerahan diri jarang sekali dramatis.
Seringkali terjadi secara diam-diam, dengan enggan, dan mahal.
Namun, hal itu tidak pernah tanpa makna.

PENDAHULUAN UNTUK BAGIAN KEDUA

MENGAPA KEKRISTENAN SEDERHANA MASIH PENTING

Kebenaran yang Menolak untuk Tetap Bersifat Teoretis

Pada titik tertentu, refleksi memberi jalan kepada perhitungan. Bagian Kedua buku ini dimulai di titik di mana netralitas berakhir.

Buku "Mere Christianity" tidak ditulis untuk membangkitkan persetujuan yang samar-samar atau kekaguman intelektual. Buku ini ditulis untuk menghadapi masalah spesifik: dunia yang merasakan kewajiban moral tetapi menolak otoritas moral; orang-orang yang berbicara tentang benar dan salah tetapi hidup seolah-olah kebenaran dapat dinegosiasikan; orang-orang percaya yang setuju dengan Kekristenan tanpa membiarkannya mengubah mereka.

CS Lewis menulis *Mere Christianity* setelah ia terpojok oleh kebenaran. Yang tersisa bukanlah penjelasan, melainkan ketaatan. Buku ini tidak bertanya apakah Kekristenan itu menarik. Buku ini bertanya apakah Kekristenan itu **benar** — dan jika benar, apa yang harus terjadi selanjutnya.

Bagian ini sengaja mengarah pada pertanyaan tersebut.

Bab-bab selanjutnya tidak merangkum buku *Mere Christianity* . Bab-bab ini menelusuri **titik-titik kritisnya** —tempat-tempat di mana keyakinan menjadi tidak nyaman, di mana kesombongan terungkap, di mana pengendalian diri ditantang, dan di mana transformasi menjadi tak terhindarkan.

Lewis tidak memperhalus momen-momen ini.

Begitu pula buku ini.

Di sini, Kekristenan berhenti menjadi sesuatu yang dievaluasi dan mulai menuntut respons. Hukum moral tidak lagi abstrak. Kesombongan tidak lagi teoritis. Iman tidak lagi bersifat pribadi. Kristus tidak lagi sekadar dikagumi.

Bagian Kedua mempersiapkan Anda untuk perjalanan ke depan dengan mengklarifikasi apa yang dipertaruhkan.

Jika Kekristenan itu benar, maka ia datang bukan untuk memperbaiki perilaku kita.

Ia datang untuk membentuk kembali diri kita .

Bab-bab dalam bagian ini dimaksudkan untuk mempersempit jarak antara mengetahui dan melakukan—antara memahami dan menghayati. Bab-bab ini mempersiapkan landasan untuk

perjalanan 40 hari yang tidak hanya meminta Anda untuk memikirkan iman, tetapi juga untuk mempraktikkannya.
Kekristenan semata masih relevan karena masalah yang diatasinya tidak berubah.
Kepercayaan adalah hal yang umum.
Ketaatan adalah hal yang langka.
Bagian ini dibuat agar perbedaan tersebut tidak mungkin diabaikan.

Pada titik tertentu, refleksi memberi jalan kepada perhitungan. Pertanyaan-pertanyaan yang diajukan dalam bab-bab sebelumnya tidak dapat lagi hanya bersifat teoritis. Kehilangan telah diberi nama. Kerinduan telah dibangkitkan. Keraguan telah diteliti. Hati nurani telah berbicara. Perlawanan telah diungkapkan.
Yang tersisa bukanlah rasa ingin tahu, melainkan keputusan. Bab-bab selanjutnya langsung membahas *Kekristenan Sederhana* —bukan sebagai buku yang akan diringkas, tetapi sebagai kebenaran yang menuntut tanggapan. Di sini, kepercayaan tidak lagi diamati dari kejauhan. Kepercayaan itu dihadapi. Diuji. Dan dituntut untuk beralih dari persetujuan menuju ketaatan.
Di sinilah netralitas mulai menghilang.

BAB TUJUH

Bukan sebuah Buku, melainkan sebuah Perhitungan

Mengapa Kebenaran Menolak untuk Tetap Bersifat Teoretis

Ketika **CS Lewis** akhirnya memeluk agama Kristen, ia tidak melakukannya sebagai seseorang yang mencari kenyamanan. Ia melakukannya sebagai seseorang yang terpojok oleh kebenaran.

Buku Mere Christianity tidak ditulis untuk memenangkan perdebatan atau menumbuhkan kekaguman. Buku ini ditulis karena Lewis menemukan bahwa keyakinan, begitu jujur, tidak dapat tetap netral. Buku ini ada karena pertanyaan-pertanyaan yang diajukan Lewis pada dirinya sendiri terus menghantuinya—dan karena ia menyadari bahwa pertanyaan-pertanyaan itu juga terus menghantui orang lain.

Pada intinya, *Mere Christianity* membahas masalah yang terasa sangat modern: orang-orang yang merasakan kewajiban moral, berbicara tentang benar dan salah, mengagumi Kristus, namun menolak otoritas yang tersirat dalam kepercayaan tersebut. Lewis melihat bahwa banyak orang bersedia menerima gagasan Kristen selama gagasan tersebut tidak mengubah kehidupan mereka.

Sikap itu membuatnya merasa tidak nyaman.

Lewis memahami bahwa Kekristenan tidak menawarkan dirinya sebagai salah satu pilihan di antara banyak filsafat. Kekristenan menghadirkan dirinya sebagai sebuah klaim tentang realitas—klaim yang, jika benar, menuntut tanggapan. Iman yang pernah ia tolak dan akhirnya ia anut bukanlah untuk menyempurnakan preferensi; iman itu datang untuk menghadapi diri sendiri.

Inilah mengapa *buku Mere Christianity* terasa berbeda dari buku-buku Kristen lainnya. Buku ini tidak menyanjung pembaca. Buku ini tidak mengajak persetujuan tanpa konsekuensi. Buku ini bergerak dengan mantap, hampir tanpa henti, dari pengakuan menuju implikasi.

Lewis memulai dari titik di mana perlawanan paling sulit dipertahankan: pengalaman bersama manusia tentang kewajiban moral. Dari sana, ia terus maju—bukan untuk mempermalukan, tetapi untuk memperjelas. Jika kita tahu apa yang seharusnya kita lakukan dan gagal melakukannya, ada sesuatu yang salah. Dan jika ada sesuatu yang salah pada tingkat diri sendiri, maka perbaikan saja tidak akan cukup.

Lewis menegaskan bahwa Kekristenan bukanlah tentang menjadi orang yang sedikit lebih baik. Ini tentang menjadi orang yang berbeda.

Penegasan inilah yang justru membuat buku *Mere Christianity* masih membuat pembaca gelisah puluhan tahun kemudian. Buku ini tidak memberi ruang untuk pengkotak-kotakan. Iman tidak bisa tetap bersifat pribadi. Kepercayaan tidak bisa hanya sekadar hiasan. Kristus tidak bisa hanya sekadar penasihat.

Kekuatan buku ini terletak bukan pada kerumitannya, tetapi pada keniscayaannya. Lewis tidak terburu-buru. Ia bernalar dengan sabar. Ia membiarkan keberatan muncul. Namun selangkah demi selangkah, ia menyingkirkan perlindungan netralitas. Pada saat pembaca mencapai klaim utama Kekristenan, pertanyaannya bukan lagi *Apakah ini menarik?* tetapi *Apakah ini benar—dan jika demikian, apa yang terjadi selanjutnya?*

Inilah mengapa *Mere Christianity* tidak dapat diperlakukan hanya sebagai teks yang dipelajari.

Ini adalah saatnya perhitungan.

Lewis mengetahui hal ini karena pada awalnya itu merupakan sebuah pertanggungjawaban baginya. Ia tidak menulis dari posisi superioritas, tetapi dari pengalaman. Kebenaran yang ia

sajikan adalah kebenaran yang mengganggu kemerdekaannya, menantang kesombongannya, dan menuntut ketaatannya. Oleh karena itu , Bagian Kedua buku ini sengaja mengarah pada konfrontasi tersebut.
Bab-bab selanjutnya tidak merangkum buku *Mere Christianity* . Bab-bab ini menelusuri tekanan yang diberikannya—cara buku ini menyingkap kesombongan, mendefinisikan kembali kebebasan, menantang pemerintahan sendiri, dan menyerukan transformasi yang mahal dan diperlukan.
Jika Bagian Pertama menunjukkan bagaimana sebuah jiwa dipersiapkan,
Bagian Kedua menanyakan apa yang harus dilakukan sekarang.
Di sinilah kepercayaan mulai kehilangan kepolosannya.
Dan ketaatan mulai terbentuk.

TITIK INFLEKSI

Pertanyaan untuk Pengamatan Jujur

Jangan terburu-buru menjawab pertanyaan-pertanyaan ini. Biarkan pertanyaan-pertanyaan tersebut memperjelas apa yang dipertaruhkan.

1. **Apa yang biasanya Anda harapkan dari buku-buku Kristen—kenyamanan, kejelasan, inspirasi, atau perubahan?**
   Manakah dari hal-hal tersebut yang diam-diam Anda tolak?
2. **Pernahkah Anda setuju dengan kebenaran Kristen tetapi menolak implikasinya bagi hidup Anda?**
   Di mana ketegangan itu muncul?
3. **Dengan cara apa Anda membiarkan keyakinan tetap bersifat pribadi atau terkotak-kotak?**
   Bidang kehidupan mana yang terasa belum tersentuh oleh iman?

4. **Apa yang Anda harapkan *tidak akan* dituntut oleh Kekristenan dari Anda?**
   Renungkan harapan itu dengan jujur.
5. **Apakah Anda merasa lebih nyaman membahas iman daripada mempraktikkan ketaatan?**
   Menurut Anda mengapa demikian?
6. **Jika Kekristenan itu benar, bagian mana dari hidup Anda yang tidak lagi bisa bersikap netral?**
   Jangan bertindak—hanya perhatikan.
7. **Apa artinya jika kepercayaan menjadi mahal dan bukan lagi sekadar nyaman?**
   Biarkan pertanyaan itu tetap terpendam.

Orientasi Lembut untuk Pembaca

Kebenaran tidak meminta untuk dikagumi.
Ia meminta untuk ditaati.
Bab ini belum menuntut tanggapan.
Bab ini menjelaskan mengapa tanggapan pada akhirnya akan menjadi tak terhindarkan.

BAB DELAPAN

Masalahnya Bukan Perilaku, tetapi Jati Diri.

Mengapa Kekristenan Tidak Dimulai dengan Perbaikan

Salah satu penemuan paling menggelisahkan yang dibuat **CS Lewis** dalam *Mere Christianity* adalah ini:
masalah utama yang diatasi Kekristenan bukanlah apa yang kita *lakukan* , tetapi siapa yang bertanggung jawab atas siapa *kita* .
Kebanyakan orang berasumsi bahwa agama ada untuk membuat kita berperilaku lebih baik. Lebih ramah. Lebih disiplin. Lebih terhormat. Lewis membongkar asumsi ini dengan cermat dan tanpa henti. Kekristenan, menurutnya, bukanlah tentang membantu orang jahat berperilaku lebih baik. Ini tentang mengubah orang-orang yang pada dasarnya salah arah di pusatnya.
Masalahnya bukan perilaku di permukaan.
Masalahnya adalah **pengaturan diri sendiri** .
Lewis mengamati bahwa banyak orang bersedia melakukan penyesuaian moral selama mereka tetap memegang kendali. Kita akan mengubah kebiasaan, menerapkan disiplin, dan bahkan melakukan pengorbanan—asalkan diri tetap berdaulat. Namun, Kekristenan tidak bernegosiasi dengan diri sendiri. Kekristenan menghadapinya.
Inilah mengapa Kekristenan terasa berlebihan bagi kepekaan modern.
Kita lebih memilih perbaikan daripada penyerahan diri. Kita menginginkan teknik, bukan transformasi. Kita bertanya seberapa banyak yang Tuhan tuntut, bukan siapa Tuhan harus

menjadi bagi kita. Lewis melihat bahwa sikap ini sepenuhnya salah memahami hakikat iman.
Kekristenan tidak datang untuk menjadikan kita orang yang lebih baik.
Kekristenan datang untuk menjadikan kita **manusia baru** .
Lewis menggunakan citra sebuah rumah yang sedang direnovasi—bukan ditambal, tetapi dibangun kembali. Dinding-dindingnya tidak hanya diperbaiki; ruangan-ruangan pun ditata ulang. Sayap-sayap yang tak terduga ditambahkan. Penopang beban dipindahkan. Proses ini mengganggu karena Arsitek tidak tertarik pada perubahan kosmetik.
Di sinilah banyak yang menolak.
Kita sering kali rela membiarkan Tuhan mengoreksi perilaku tertentu sambil melindungi inti diri kita dari campur tangan. Kita menerima pengajaran, tetapi menolak otoritas. Kita menerima bimbingan moral, tetapi bukan kepemilikan moral. Lewis menyadari bahwa ini bukanlah Kekristenan—melainkan perbaikan diri dengan bahasa religius.
Klaim Kristen melangkah lebih jauh: diri yang bersikeras mengendalikan segalanya justru adalah hal yang harus diserahkan. Kesombongan, menurut Lewis, bukanlah sekadar satu dosa di antara dosa-dosa lainnya. Kesombongan adalah kondisi yang membuat semua dosa lainnya tetap hidup. Selama diri tetap berkuasa, transformasi tetap bersifat parsial. Ini sangat tidak nyaman.
Artinya, Kekristenan tidak membiarkan diri tetap utuh .
Kekristenan tidak hanya menasihati ego; tetapi juga menggantikannya. Kristus tidak datang untuk membantu kita menjalankan hidup kita dengan lebih baik. Dia datang untuk **mengambil alih kendali hidup kita** .
Lewis mengetahui hal ini secara pribadi. Penolakannya terhadap iman bukanlah terutama bersifat intelektual—melainkan eksistensial. Menjadi seorang Kristen berarti melepaskan kendali atas diri sendiri. Itu berarti mengakui bahwa diri sendiri tidak berhak untuk mengatur dirinya sendiri.
Di sinilah keyakinan seringkali terhenti.

Kita setuju dengan kebenaran Kristen sambil secara halus membatasi jangkauannya. Kita menerima pengampunan tetapi menolak pembentukan. Kita menginginkan kasih karunia tanpa pengaturan. Lewis menolak pembagian ini.
Kekristenan, tegasnya, menerima seluruh diri—atau tidak menerima apa pun.
Inilah mengapa *Mere Christianity* tidak berfungsi sebagai dorongan yang lembut. Buku ini mendorong pembaca menuju kesimpulan yang tidak dapat dihindari: jika Kristus adalah Tuhan, maka ego harus lengser.
Tidak diperbaiki.
Tidak disarankan.

Digantikan sebagai penggaris.
Bab ini belum menjelaskan cara melakukannya.
Bab ini menjelaskan mengapa penyerahan sebagian tidak akan berhasil.
Transformasi tidak dimulai dengan perilaku yang lebih baik.
Transformasi dimulai dengan perubahan siapa yang memegang kendali.

TITIK INFLEKSI

Pertanyaan untuk Pengamatan Jujur

Jangan menjawab dengan defensif.
Biarkan pertanyaan-pertanyaan ini mengungkap sikap, bukan kemampuan.

1. **Di bagian mana Anda paling fokus pada peningkatan perilaku daripada menyerahkan kendali?**
   Apa yang terasa lebih aman untuk diubah?
2. **Dalam bidang kehidupan apa Anda meminta bimbingan Tuhan tetapi menolak otoritas-Nya?**
   Jelaskan secara spesifik.

3. **Bagaimana reaksi Anda terhadap gagasan bahwa Kekristenan bertujuan untuk menggantikan pemerintahan mandiri daripada menyempurnakannya?**
   Emosi apa yang muncul?
4. **Bagian mana dari identitas Anda yang merasa paling terancam oleh gagasan menyerah?**
   Mengapa menurut Anda demikian?
5. **Apakah Anda mengukur pertumbuhan spiritual lebih berdasarkan usaha atau berdasarkan keselarasan?**
   Apa yang diungkapkan hal itu tentang sikap Anda?
6. **Di mana mungkin kesombongan menyamar sebagai kemandirian atau kedewasaan?**
   Renungkan kemungkinan itu dengan jujur.
7. **Jika Kristus sepenuhnya memegang kendali, apa yang tidak akan lagi bisa dinegosiasikan?**
   Jangan bertindak—hanya perhatikan.

Orientasi Lembut untuk Pembaca

Kekristenan tidak meminta kerja sama. Kekristenan meminta penyerahan diri.
Bukan karena Tuhan mengendalikan segalanya,
tetapi karena pemerintahan yang terpecah tidak dapat menyembuhkan diri yang terpecah.

BAB SEMBILAN

Ilusi Merasa "Cukup Baik"

Mengapa Perbandingan Diam-diam Menolak Kasih Karunia

Salah satu penghalang paling senyap terhadap transformasi, seperti yang diamati **CS Lewis** , bukanlah pemberontakan—melainkan perbandingan.

Dalam *buku Mere Christianity* , Lewis berulang kali kembali pada kebenaran sederhana namun meresahkan: moralitas yang diukur dengan perbandingan dapat terasa menenangkan sekaligus sangat menyesatkan. Selama kita mendefinisikan kebaikan dalam kaitannya dengan orang lain, kita dapat tetap merasa nyaman tanpa pernah mengalami transformasi.

Perbandingan melemahkan keyakinan.

Kita meyakinkan diri sendiri bahwa kita tidak sejahat, sekejam, atau seegois orang lain. Kita menempatkan kebenaran pada skala yang berubah-ubah, bukan pada skala objektif. Dan karena akan selalu ada orang yang tampak lebih buruk daripada kita, urgensi moral pun memudar.

Lewis menyadari betapa mudahnya sikap ini tertanam dalam kehidupan keagamaan.

Orang-orang yang tidak pernah mengklaim kesempurnaan diam-diam mengandalkan kedekatan. Mereka menilai hidup mereka berdasarkan teman sebaya, budaya, atau hal-hal ekstrem, bukan berdasarkan kebenaran. Hasilnya adalah hati nurani yang dapat ditoleransi—yang terasa bermoral tanpa harus menyerah.

Kekristenan mengganggu kenyamanan ini.

Lewis menegaskan bahwa Kekristenan tidak bertanya apakah kita lebih baik dari orang lain, tetapi apakah kita selaras dengan Tuhan. Standarnya bukanlah peningkatan relatif; melainkan kekudusan. Dan kekudusan tidak membiarkan perbandingan menggantikan transformasi.

Ini sangat meresahkan.

Perbandingan memungkinkan kita untuk tetap menjadi hakim. Kasih karunia sepenuhnya menghilangkan peran itu. Ketika perbandingan yang mengatur, kita mempertahankan kendali atas evaluasi. Ketika kasih karunia yang mengatur, kita dihadapkan pada kenyataan—bukan terhadap orang lain, tetapi terhadap kebenaran itu sendiri.

Lewis memahami bahwa pengungkapan ini terasa tidak adil. Mengapa seseorang yang tampak terhormat di luar harus bergantung pada kasih karunia seperti seseorang yang tampak hancur? Mengapa kesombongan yang terpendam harus diperlakukan dengan keseriusan yang sama seperti keburukan yang nyata? Jawabannya, menurut Lewis, adalah bahwa masalah yang ditangani Kekristenan bukanlah tingkat *kesalahan* , tetapi *kondisi* diri sendiri.

Kebaikan relatif menutupi kebutuhan absolut.

Ilusi merasa "cukup baik" menunda penyerahan diri justru karena terasa masuk akal. Kita mengakui ketidaksempurnaan tanpa merasa terburu-buru. Kita menerima pengampunan tanpa transformasi. Kita berbicara tentang rahmat sambil melindungi penilaian diri kita sendiri.

Lewis dengan sabar membongkar ilusi ini. Ia tidak menyangkal perbedaan moral antarmanusia, tetapi ia menolak membiarkan perbedaan tersebut berfungsi sebagai tempat berlindung. Klaim Kristen bukanlah bahwa semua dosa tampak sama, tetapi bahwa semua pengaturan diri menentang Tuhan.

Perbandingan menjaga jati diri tetap utuh .

Sebaliknya, rahmat tidak memberi ruang untuk berbangga diri. Rahmat tidak menyanjung kemajuan; rahmat mengundang ketergantungan. Dan ketergantungan itu sulit bagi mereka yang telah belajar untuk menilai diri mereka sendiri secara positif.

Inilah mengapa *buku Mere Christianity* terkadang terasa menusuk daripada memberi semangat. Buku ini tidak membiarkan pembaca merasa nyaman dengan sikap terhormat. Buku ini mendorong pembaca menuju kesimpulan yang tidak nyaman: selama kita bertanya *"Apakah saya lebih baik dari orang lain?"* daripada *"Apakah saya menyerahkan diri kepada Tuhan?"*, transformasi akan tetap parsial.
Lewis tidak mencoba untuk menghalangi upaya moral. Ia mencoba untuk menghilangkan rasa percaya diri yang palsu. Kekristenan tidak menurunkan martabat setiap orang; melainkan menurunkan martabat setiap orang ke dalam—menuju kejujuran, kerendahan hati, dan kebutuhan.
Ilusi merasa "cukup baik" hanya akan sirna ketika perbandingan kehilangan otoritasnya.
Bab ini tidak mengutuk perjuangan moral. Bab ini justru mengungkap kenyamanan moral.
Dan pertanyaan yang diajukan adalah apakah rahmat telah diterima sebagai penyelamatan—atau hanya sebagai jaminan.

TITIK INFLEKSI

Pertanyaan untuk Pengamatan Jujur

Biarkan pertanyaan-pertanyaan ini sedikit mengganggu. Pertanyaan-
pertanyaan ini dimaksudkan untuk memperjelas sikap, bukan kinerja.

1. **Dengan siapa Anda secara naluriah membandingkan diri Anda ketika mengevaluasi kehidupan spiritual Anda?**
   Mengapa orang-orang itu?
2. **Bagaimana perbandingan membentuk perasaan Anda akan kebutuhan akan rahmat?**
   Apakah itu meningkatkan urgensi—atau meredakannya?

3. **Di mana Anda pernah menerima pengampunan tanpa membiarkannya menantang penilaian diri Anda?**
   Hadapi ketegangan itu.
4. **Apakah Anda merasa nyaman dengan kenyataan bahwa Anda "tidak seburuk itu"?**
   Apa yang dilindungi oleh kenyamanan itu?
5. **Bagaimana reaksi Anda terhadap gagasan bahwa moralitas yang diukur melalui perbandingan dapat menolak transformasi?**
   Emosi apa yang muncul?
6. **Di mana kebaikan relatif mungkin menunda penyerahan diri yang lebih dalam?**
   Jelaskan secara spesifik.
7. **Jika perbandingan dihilangkan, apa yang perlu ditangani oleh kasih karunia secara langsung dalam diri Anda?**
   Jangan menjawab—hanya perhatikan.

Orientasi Lembut untuk Pembaca

Anugerah tidak datang untuk menenangkan diri.
Anugerah datang untuk menyelamatkan diri.
Perbandingan membuat kita merasa nyaman.
Kasih karunia membuat kita jujur.

BAB SEPULUH

Menghitung Biaya untuk Diri yang Baru

Mengapa Transformasi Membutuhkan Kehilangan Sebelum Memberikan Kehidupan

Ketika **CS Lewis** menggali lebih dalam implikasi Kekristenan, satu kenyataan menjadi tak terhindarkan: transformasi bukanlah penambahan—melainkan pengurangan sebelum bersifat pemulihan.
Kekristenan tidak hanya memberi kita sesuatu yang baru. Ia meminta kita untuk melepaskan sesuatu yang lama.
Dalam *buku Mere Christianity* , Lewis menyatakan dengan tegas: menjadi seorang Kristen bukanlah tentang menyempurnakan diri yang sudah ada. Ini tentang membiarkan diri lama—diri yang terorganisasi di sekitar otonomi, kendali, dan pembenaran diri—kehilangan otoritasnya.
Di sinilah banyak orang ragu-ragu.
Kita sering tertarik pada janji-janji iman—kedamaian, tujuan hidup, pengampunan, pembaharuan—tanpa sepenuhnya memperhitungkan harga yang harus dibayar. Kita menginginkan transformasi tanpa penggusuran. Kita berharap Kristus akan memperkuat diri sendiri daripada menggantikan kekuasaannya. Lewis menegaskan bahwa ini tidak mungkin. Diri sejati tidak dapat tetap berdaulat dan disembuhkan pada saat yang bersamaan.
Ini bukan karena Tuhan menuntut, tetapi karena otoritas yang terbagi tidak dapat menghasilkan keutuhan. Kehidupan yang

sebagian diatur oleh Kristus dan sebagian oleh pemerintahan sendiri tetap memiliki konflik internal. Transformasi membutuhkan koherensi, dan koherensi membutuhkan satu pusat.

Lewis memahami betapa mengancamnya perasaan ini . Menjadi "baru" terdengar menarik secara teori, tetapi dalam praktiknya berarti kehilangan identitas yang sudah dikenal. Pola kendali. Narasi yang dikelola dengan cermat tentang siapa kita dan mengapa kita berperilaku seperti itu. Diri yang lama mungkin memiliki kekurangan, tetapi itu sudah dikenal. Diri yang baru membutuhkan kepercayaan.

Inilah mengapa menyerah terasa mahal.

Kekristenan tidak bernegosiasi dengan ego. Kekristenan tidak berjanji untuk mempertahankan versi diri kita yang kita sukai. Lewis terkenal menyatakan bahwa Kristus tidak datang untuk memperbaiki sifat lama; Dia datang untuk membunuhnya dan memberi kita sifat baru.

Bahasa ini terasa mengganggu bagi pembaca modern yang terbiasa dengan penegasan diri. Kita diajarkan untuk melindungi identitas dengan segala cara. Lewis menantang asumsi tersebut. Ia berpendapat bahwa diri yang paling kita lindungi dengan gigih seringkali adalah diri yang menghalangi kita dari kebebasan.

Dengan demikian, kehilangan bukanlah hal yang kebetulan dalam transformasi.

Kehilangan adalah hal yang esensial.

Biayanya bukan sekadar perilaku. Ini bersifat eksistensial. Ini melibatkan pelepasan hak untuk mendefinisikan baik dan buruk bagi diri kita sendiri, hak untuk menentukan arah hidup kita, hak untuk tetap tidak berubah sambil tetap merasa dibenarkan.

Lewis tidak mengecilkan biaya ini. Ia menyebutkannya dengan jelas. Kekristenan akan ikut campur. Ia akan mengganggu. Ia akan membongkar struktur yang sudah dikenal sebelum membangun sesuatu yang langgeng.

Namun Lewis juga menegaskan bahwa apa yang hilang pada akhirnya bukanlah apa yang seharusnya kita pertahankan.

Diri lama menjanjikan kendali tetapi malah menghadirkan kecemasan.
Ia menjanjikan otonomi tetapi menghasilkan fragmentasi. Ia menjanjikan keamanan tetapi tidak mampu menyembuhkan.
Apa yang ditawarkan Kekristenan sebagai imbalannya bukanlah kenyamanan, melainkan kehidupan.
Bukan ekspresi diri, melainkan jati diri yang tertata dengan benar.
Bukan bertahan hidup, melainkan transformasi.
Bab ini tidak terburu-buru dalam membahas pertukaran tersebut.
Bab ini hanya mengklarifikasi istilah-istilahnya.
Sebelum jati diri yang baru dapat muncul, jati diri yang lama harus melepaskan cengkeramannya.
Dan pelepasan itu akan terasa seperti kehilangan sebelum terasa seperti kebebasan.

TITIK INFLEKSI

Pertanyaan untuk Pengamatan Jujur

Biarkan pertanyaan-pertanyaan ini memunculkan penolakan secara perlahan. Pertanyaan-pertanyaan ini dimaksudkan untuk menyebutkan biaya, bukan untuk menyelesaikannya.

1. **Apa yang Anda takutkan akan hilang jika Kristus sepenuhnya mengubah hidup Anda?**
   Sebutkan dengan jujur.
2. **Aspek identitas mana yang paling terkait dengan kontrol atau definisi diri?**
   Mengapa hal-hal tersebut terasa penting?
3. **Pernahkah Anda menginginkan perubahan sambil menolak disrupsi?**
   Apa yang dipertahankan oleh penolakan tersebut?

4. **Bagaimana Anda menanggapi gagasan bahwa transformasi membutuhkan diri lama untuk mundur?**
   Emosi apa yang muncul pertama kali?
5. **Di bidang mana Anda lebih memilih Kristus untuk memperbaiki daripada menggantikan cara hidup Anda?**
   Jelaskan secara spesifik.
6. **Mana yang terasa lebih aman—tetap berada di zona nyaman atau menjadi utuh?**
   Hadapi ketegangan itu.
7. **Jika kehilangan adalah bagian dari jalan hidup, apa lagi yang perlu dilepaskan selanjutnya?**
   Jangan bertindak—cukup perhatikan.

Orientasi Lembut untuk Pembaca
Transformasi bukanlah tanpa rasa sakit.
Tetapi transformasi memiliki tujuan.
Apa yang diserahkan tidak dihancurkan—
melainkan dipindahkan untuk memberi ruang bagi kehidupan.

BAB SEBELAS

Risiko Membiarkan Kristus Mengatur Ulang Segalanya

Mengapa Kepercayaan Harus Mendahului Transformasi

Pada saat **CS Lewis** menghadapi implikasi penuh dari Kekristenan, permasalahannya bukan lagi apakah transformasi itu perlu.

Permasalahannya adalah **apakah Kristus dapat dipercaya untuk mengurus hal itu** .

Dalam *buku Mere Christianity* , Lewis mengemukakan sebuah klaim yang terasa masuk akal sekaligus menakutkan: jika Kristus adalah Tuhan, maka tidak ada bagian kehidupan yang tidak tersentuh. Kekristenan tidak hanya mengatur ulang satu ruangan demi satu ruangan sesuai keinginan kita. Kekristenan mengklaim seluruh rumah.

Di sinilah kepercayaan menjadi pertanyaan yang menentukan. Lewis memahami bahwa penyerahan diri bukan hanya tentang kehilangan—tetapi tentang **keyakinan kepada Dia yang kepadanya otoritas diberikan** . Kita menolak penataan ulang bukan karena kita menyukai kekacauan, tetapi karena kita takut akan kesalahan penempatan. Kita khawatir bahwa jika Kristus mengambil kendali, sesuatu yang penting akan hilang, dibungkam, atau berkurang.

Jadi kita ragu-ragu.

Kita bertanya apakah ketaatan akan menghapus kepribadian, menekan keinginan, atau meredupkan sukacita. Kita takut menjadi kurang dari diri kita sendiri daripada menjadi lebih dari itu. Lewis menghadapi ketakutan ini secara langsung. Dia menegaskan bahwa Kristus tidak datang untuk menghancurkan individualitas, tetapi untuk menyelamatkannya. Diri yang paling kita lindungi dengan gigih, menurutnya, seringkali adalah diri yang paling tidak mampu menjadi utuh.

Hal ini membutuhkan perubahan radikal dalam imajinasi. Percaya kepada Kristus berarti meyakini bahwa penataan ulang-Nya lebih bijaksana daripada pengaturan kita. Itu berarti mengizinkan Dia untuk menyentuh motif, ambisi, hubungan, kebiasaan, dan identitas yang telah kita susun dengan hati-hati. Itu berarti mengakui bahwa diri sendiri belum mengatur dirinya sendiri sebaik yang diharapkan.

Ini sangat rentan.

Lewis tahu bahwa tuntutan Kekristenan akan kepercayaan terasa tidak masuk akal justru karena sifatnya yang total. Kepercayaan sebagian terasa lebih aman. Ketaatan yang terkendali terasa lebih mudah dikelola. Tetapi Kekristenan tidak menawarkan transformasi yang terkendali. Kekristenan menawarkan pemulihan melalui penyerahan diri.

Di sinilah banyak orang terhenti.

Kita menunda bukan karena kita meragukan kebaikan Kristus secara teori, tetapi karena kita tidak yakin apakah kita akan mengenali diri kita sendiri setelah taat. Kita takut bahwa penyerahan diri akan membuat kita menjadi lebih kecil, lebih pendiam, atau kurang hidup.

Lewis bersikeras bahwa justru sebaliknya yang benar. Paradoks yang mendasari Kekristenan adalah bahwa diri sejati tidak hilang melalui penyerahan diri—melainkan ditemukan. Kehendak yang mengalah tidak lenyap; melainkan disembuhkan. Identitas yang menyerah tidak terhapus; melainkan diperjelas.

Namun hal ini tidak dapat dibuktikan sebelumnya. Kepercayaan selalu mendahului pengalaman.

Lewis memahami bahwa tidak ada argumen yang dapat menghilangkan risiko ini. Kekristenan tidak menawarkan jaminan yang dapat diperiksa sebelumnya. Kekristenan menuntut keyakinan yang berakar pada kebenaran, bukan kepastian yang berakar pada kendali.

Ini adalah ambang batas terakhir sebelum tindakan diambil.

Bukan soal apakah Kekristenan masuk akal.
Bukan soal apakah transformasi dibutuhkan. Tetapi apakah Kristus cukup dapat dipercaya untuk memimpin.
Bab ini belum menuntut kepercayaan.
Bab ini mempertanyakan apakah penolakan untuk percaya telah menjadi penghalang terakhir.

TITIK INFLEKSI

Pertanyaan untuk Pengamatan Jujur

Biarkan pertanyaan-pertanyaan ini memunculkan rasa takut secara perlahan. Pertanyaan-pertanyaan ini dimaksudkan untuk memperjelas kepercayaan, bukan memaksa pengambilan keputusan.

1. **Apa yang Anda takutkan akan diubah oleh Kristus jika Anda sepenuhnya menyerahkan diri?** Sebutkan dengan jujur.
2. **Di bidang mana Anda mempercayakan kebenaran kepada Kristus tetapi tidak mempercayakan kendali kepada-Nya?** Bidang mana yang masih Anda jaga?
3. **Bagaimana menurut Anda kepatuhan akan memengaruhi identitas Anda?** Menjadi lebih kecil? Lebih aman? Berkurang? Berubah?
4. **Pengalaman apa yang telah mengajarkan Anda untuk mengaitkan kendali dengan keamanan?** Bagaimana pengalaman-pengalaman tersebut mungkin membentuk perlawanan Anda?

5. **Apakah Anda percaya bahwa Kristus menginginkan kesempurnaan Anda—atau hanya kepatuhan Anda?**
   Mengapa perbedaan itu penting bagi Anda?
6. **Di mana ketidakpercayaan mungkin menyamar sebagai kehati-hatian atau kebijaksanaan?**
   Renungkan kemungkinan itu.
7. **Jika Kristus benar-benar mengenalmu lebih baik daripada kamu mengenal dirimu sendiri, apa yang mungkin bisa dilakukan dengan menata ulang dirimu?**
   Jangan menjawab—hanya perhatikan.

Orientasi Lembut untuk Pembaca
Kepercayaan tidak bisa diuji dari jarak jauh.
Kepercayaan harus dipraktikkan.
Kekristenan tidak menuntut iman buta—
tetapi menuntut kepercayaan yang tulus dan pasrah.

BAB DUA BELAS

SEBUAH KISAH HIDUP YANG DIBACA OLEH SEMUA ORANG

Dari Kepercayaan yang Enggan Menuju Ketaatan yang Rela menurut Agustinus
Ketika Kesiapan Menggantikan Perlawanan
Pada akhir perlawanan panjang **CS Lewis** terhadap Kekristenan, perjuangan tersebut menyempit menjadi satu titik tunggal.

Pertanyaannya bukan lagi apakah Kekristenan itu benar. Melainkan apakah Lewis bersedia hidup seolah-olah Kekristenan itu benar.

Inilah saat di mana iman, setelah melakukan pekerjaan persiapannya, memberi jalan kepada ketaatan. Bukan ketaatan yang dramatis. Bukan ketaatan yang heroik. Tetapi ketaatan *yang rela* —persetujuan diam-diam dari kehendak untuk mundur dan membiarkan Kristus memimpin.

Pertobatan Lewis tidak terjadi dengan meriah. Tidak ada klimaks emosional, tidak ada deklarasi kemenangan di depan umum. Sebaliknya, ia menggambarkannya sebagai penyerahan diri yang enggan, pengakuan bahwa perlawanan tidak lagi dapat dipertahankan secara jujur. Ia tidak dipaksa untuk beriman melalui argumen, melainkan terkikis oleh kebenaran. Dan kebenaran telah menyelesaikan tugasnya.

Kekristenan sejati muncul dari perubahan batin ini. Buku ini tidak ditulis oleh seseorang yang menang dengan mudah, tetapi oleh seseorang yang menyerah dengan hati-hati. Lewis tahu dari pengalaman bahwa ketaatan tidak bisa dipaksakan. Ketaatan tidak bisa dipaksakan. Ketaatan harus muncul dari pengakuan bahwa netralitas telah berakhir.

Di sinilah kesiapan menjadi penting.

Kesiapan bukanlah antusiasme.

Bukan pula kepastian. Bukan pula kepercayaan diri pada kekuatan sendiri.

Kesiapan adalah pengakuan diam-diam bahwa melanjutkan seperti sebelumnya tidak mungkin lagi.

Lewis sampai pada kesimpulan ini ketika ia menyadari bahwa iman tanpa ketaatan bukanlah kejujuran lagi. Mengagumi Kristus sambil menolak otoritas-Nya berarti tetap terpecah belah. Menunda penyerahan diri tanpa batas waktu berarti memilih pemerintahan sendiri secara otomatis.

Maka ia pun menyerah—bukan karena merasa berkuasa, tetapi karena perlawanan telah menjadi tak mungkin lagi dilakukan.

Ini adalah perbedaan penting bagi pembaca modern.

Ketaatan tidak dimulai ketika rasa takut hilang.
Ketaatan dimulai ketika kebenaran menjadi tak terhindarkan.
Lewis tidak melangkah ke dalam iman karena merasa siap dalam segala hal. Ia melangkah ke dalamnya karena menyadari bahwa kehidupan yang selama ini ia lindungi tidak lagi dapat dipertahankan. Biaya perlawanan yang berkelanjutan lebih besar daripada biaya penyerahan diri.
Inilah wujud kesiapan.
Bukan ketiadaan keraguan, melainkan berakhirnya penundaan.
Bukan kepastian hasil, melainkan kejelasan arah. Bukan penguasaan iman, melainkan kesediaan untuk dipimpin.
Bab ini melengkapi pendalaman karena bab ini menyebutkan apa yang telah terbentuk secara diam-diam sepanjang perjalanan: pergerakan dari pengamatan ke partisipasi, dari refleksi ke respons, dari kepercayaan sebagai konsep ke ketaatan sebagai praktik.
Belum ada yang dituntut darimu.
Belum ada yang ditugaskan.
Namun, ada satu hal yang telah diklarifikasi.
Jika Kekristenan itu benar, maka kehidupan tidak mungkin tetap tidak berubah.
Jika Kristus adalah Tuhan, maka diri sendiri tidak mungkin tetap berdaulat. Jika transformasi itu mungkin, maka penundaan menjadi sebuah keputusan.
Bab-bab selanjutnya—empat puluh hari latihan yang disengaja—bukanlah untuk menekan Anda. Bab-bab ini ada untuk **menemani Anda** melalui tindakan-tindakan lambat dan biasa yang dengannya ketaatan menjadi terwujud.
Di sinilah karya itu tidak berakhir.
Di sinilah karya itu dihayati.
Anda tidak diminta untuk tampil.
Anda diundang untuk mengikuti.

TITIK INFLEKSI

Pertanyaan untuk Pengamatan Jujur

Biarkan pertanyaan-pertanyaan ini diredakan. Pertanyaan-pertanyaan
ini dimaksudkan untuk memperjelas kesiapan, bukan untuk memaksa tindakan.

1. **Apa yang telah berubah dalam diri Anda sejak memulai perjalanan ini?**
   Bukan secara emosional— *melainkan secara internal* .
2. **Di mana perlawanan telah melemah, bahkan sedikit pun?**
   Apa yang tidak lagi terasa sekuat sebelumnya?
3. **Apa artinya berhenti menunda ketaatan dalam satu bidang kehidupan Anda?**
   Jangan memutuskan dulu—perhatikan saja.
4. **Bagaimana Anda membedakan antara kehati-hatian dan penundaan?**
   Di mana keduanya mungkin tumpang tindih?
5. **Versi iman mana yang sudah tidak lagi sesuai dengan Anda melalui proses ini?**
   Apa yang sudah tidak lagi cocok?
6. **Jika netralitas bukan lagi pilihan, postur apa yang perlu diubah terlebih dahulu?**
   Duduklah dengan postur tersebut.
7. **Seperti apa "ketaatan yang rela" bagi Anda—bukan secara dramatis, tetapi setiap hari?**
   Biarkan pertanyaan ini tetap terbuka.

Orientasi Lembut untuk Pembaca

Ketaatan tidak dimulai dengan kepercayaan diri.
Ketaatan dimulai dengan persetujuan.
Perjalanan di depan bukanlah tentang membuktikan keyakinan.
Ini tentang mempraktikkan keselarasan.

TRANSISI MENUJU PERJALANAN 40 HARI

Apa yang akan dibahas selanjutnya bukanlah kajian tentang ide-ide, melainkan pembentukan kehidupan.
Empat puluh hari ke depan dirancang bukan untuk memberi Anda informasi, tetapi untuk membentuk Anda—melalui Kitab Suci, refleksi, tindakan, doa, dan introspeksi yang jujur.
Setiap hari mengundang respons kecil dan konkret, karena ketaatan tumbuh melalui praktik, bukan niat.
Anda tidak terburu-buru di sini.
Anda telah dipersiapkan.
Perjalanan kini beralih dari **pemahaman** ke **perwujudan** .
Dan semuanya dimulai dengan tenang.

Surat-surat Hidup – Seri Renungan 40 Hari - 2 Studi DIMULAI… >>>>>

CARA MENGGUNAKAN BUKU INI

Untuk Individu dan Kelompok

Renungan ini tidak dirancang untuk kecepatan, volume, atau akumulasi informasi. Renungan ini dirancang untuk **pembentukan karakter** .

1. MENGGUNAKAN BUKU INI SECARA INDIVIDUAL

Perjalanan ini dimaksudkan untuk dijalani perlahan, dengan penuh perhatian, dan jujur.

A. Ritme Harian (15–30 Menit)

Setiap hari dirancang untuk *dimasuki* , bukan untuk diselesaikan.

Alur yang disarankan:

1. Bacalah perlahan.
Jangan hanya membaca sekilas. Bacalah seolah-olah teks tersebut sedang membaca Anda.

2. Masuki Skenario
Jangan menganalisisnya. Bayangkan diri Anda berada di dalamnya. Perhatikan apa yang muncul—resistensi, pengakuan, atau ketidaknyamanan.

3. Renungkan Pertanyaan Pertanyaan
-pertanyaan ini tidak dirancang untuk jawaban cepat.

Beberapa di antaranya dimaksudkan untuk menemani Anda sepanjang hari.

4. Latih Tindakannya
Setiap hari sertakan tindakan ketaatan kecil. Lakukan dengan tenang. Jangan mengumumkannya. Biarkan itu membentuk dirimu.

5. Berdoa dengan Sederhana
Doa-doa ini sengaja dibuat sederhana. Gunakanlah sebagaimana adanya, atau biarkan doa-doa ini membuka kata-kata Anda sendiri di hadapan Tuhan.

B. Postur untuk Penggunaan Individu

Agar buku ini dapat menjalankan fungsinya:

- Baca **satu hari saja setiap harinya.**
- Tahan keinginan untuk terburu-buru.
- Jangan mencari pengalaman emosional—carilah keselarasan.
- Catatlah hanya hal-hal yang perlu; **ketaatan lebih penting daripada wawasan.**

Buku ini akan lebih baik dibaca dengan penuh kesabaran.

C. Kapan Harus Berhenti Sejenak

Jika suatu hari tertentu menunjukkan adanya perlawanan, keyakinan, atau kelelahan:

- Tetaplah pada hari itu selama 24–48 jam tambahan.
- Lakukan gerakan tersebut lagi.
- Biarkan kebenaran meresap sebelum melangkah maju.

Pembentukan spiritual jarang sekali bersifat linear. Jangan terburu-buru dalam membentuk apa yang sedang Tuhan lakukan.

2. MENGGUNAKAN BUKU INI DALAM KELOMPOK

Buku ini sengaja ditulis agar dapat digunakan dalam kelompok kecil, lingkaran pemuridan, kelompok kepemimpinan, dan tim pelayanan.

A. Ukuran Grup Ideal

- **4–8 orang** optimal
- Kurang dari 4 batasan saksi bersama
- Lebih dari 10 batasan kejujuran

Ini adalah **ruang pembentukan** , bukan ruang kelas.

B. Rekomendasi Ritme Mingguan

Alih-alih bertemu setiap hari, kelompok-kelompok tersebut didorong untuk bergerak dengan kecepatan mingguan.

Struktur yang disarankan:

- Lima hari renungan yang diselesaikan secara individu.
- Satu kelompok bertemu untuk refleksi dan pengambilan keputusan.
- Satu hari istirahat atau hari untuk mengejar ketertinggalan.

Ritme ini memungkinkan kepatuhan dipraktikkan secara pribadi dan diproses secara bersama-sama.

C. Struktur Pertemuan Kelompok (60–90 Menit)

1. Keheningan Pembuka (5 menit)
Tidak ada pembaruan. Tidak ada diskusi. Biarkan ruangan menjadi tenang.

2. Refleksi Bersama (30 menit)
Setiap orang hanya menjawab:

- *Apa yang membuatku kesulitan minggu ini?*
- *Apa yang Tuhan hadirkan?*

Tidak ada perbaikan.
Tidak ada pengajaran.

3. Kitab Suci dan Pemahaman (20 menit)
Bacalah ayat-ayat kunci Kitab Suci dengan lantang dan perlahan. Ajukan pertanyaan bersama-sama:

- *Buah apa yang sedang terbentuk?*
- *Penyelarasan apa yang diminta?*

4. Doa dan Pernyataan (15 menit)
Berdoalah untuk ketaatan, bukan penghiburan. Ucapkan pernyataan-pernyataan tersebut bersama-sama.

D. Perjanjian Grup (Sangat Penting)

Agar buku ini dapat berfungsi dengan baik dalam kelompok, hal-hal berikut harus disepakati:

- Tidak saling mengoreksi satu sama lain
- Tidak ada kegiatan mengajar kecuali diundang.
- Tidak memberikan saran kecuali diminta.

- Dilarang berbagi di luar grup.
- Tidak ada perbandingan spiritual.

Ini adalah lingkungan pembentukan yang terlindungi, bukan forum debat.

3. MENGGUNAKAN BUKU INI UNTUK KEPEMIMPINAN & PEMURIDAN

Renungan ini sangat efektif untuk:

- Tim kepemimpinan gereja
- Para peserta magang pelayanan
- Pemimpin yang sedang berkembang
- Orang percaya yang dewasa memasuki tanggung jawab baru.

A. Penekanan Kepemimpinan

Para pemimpin harus memberikan perhatian khusus pada:

- Hari-hari yang membahas otoritas, keheningan, ketahanan, dan pengendalian diri
- Skenario yang mengungkap kontrol, visibilitas, dan kinerja.
- Tindakan yang menuntut *kepatuhan melalui pembatasan* , bukan inisiatif.

Buku ini membentuk **karakter sebelum kemampuan** .

B. Peran Fasilitator

Jika Anda membimbing orang lain melalui perjalanan ini:

- Jangan mendominasi diskusi
- Model kerentanan tanpa terlalu banyak berbagi informasi
- Biarkan keheningan terjadi
- Pertahankan kecepatannya

Peran Anda bukanlah sebagai ahli, melainkan sebagai **penjaga lingkungan** .

4. APA BUKU INI — DAN BUKAN APA BUKU INI

Buku ini adalah:

- Perjalanan pembentukan
- Alat pemuridan
- Cermin untuk ketaatan
- Sumber daya untuk penugasan

Buku ini bukan:

- Buku teks teologi
- Renungan motivasi
- Program bacaan cepat
- Sebuah studi berbasis kepribadian.

Ini dirancang untuk **meninggalkan bekas** , bukan kesan.

5. KATA PENUTUP UNTUK PEMBACA

Baik Anda membaca buku ini sendirian atau bersama orang lain, tanggung jawabnya tetap sama:

Anda tidak diminta untuk mengagumi kebenaran.
Anda diminta untuk menjadi **mudah dipahami** .

Bacalah perlahan.
Patuhilah dengan tenang. Hiduplah dengan jelas.

Dunia sedang membaca.

Dunia sedang membaca.

HARI PERTAMA

Ketika Kebenaran Mulai Menekan

Menyadari Momen Saat Netralitas Berakhir

AYAT-AYAT ALKITAB YANG MENJADI FOKUS UTAMA

- **2 Korintus 3:2-3** — *Kamu sendirilah surat kami... yang ditulis bukan dengan tinta, melainkan dengan Roh Allah yang hidup.*
- **Ibrani 4:12** — *Sebab firman Allah itu hidup dan aktif... yang membedakan pikiran dan niat hati.*
- **Yohanes 18:37** — *Setiap orang yang berasal dari kebenaran mendengarkan suara-Ku.*

Pembacaan Kitab Suci (Bacalah Perlahan)
Jangan terburu-buru membaca ini.
Bacalah seolah-olah Anda sedang diajak bicara, bukan sekadar diberi informasi.
"Engkau adalah surat kami, yang tertulis di dalam hati kami, yang dikenal dan dibaca oleh semua orang."
— 2 Korintus 3:2

Renungan
Setiap perjalanan ketaatan dimulai dengan momen ketika kebenaran menjadi sesuatu yang personal.
Tidak dramatis.
Tidak dipublikasikan. Tapi tak terhindarkan.
Sebelum **CS Lewis** berbicara secara terbuka tentang iman, ia mencapai sebuah kesadaran pribadi: netralitas tidak lagi jujur.

Kebenaran telah terlalu dekat untuk diamati dari kejauhan. Apa yang ia ketahui tidak bisa lagi tetap bersifat teoritis. Di sinilah kemuridan dimulai—bukan dengan antusiasme, tetapi dengan pengakuan.

Kebanyakan orang menunda ketaatan bukan karena mereka menolak kebenaran, tetapi karena mereka berharap kebenaran itu akan melonggarkan cengkeramannya. Kita berasumsi akan selalu ada waktu untuk menanggapi nanti, ketika kondisi terasa lebih aman, lebih jelas, atau lebih nyaman. Namun Kitab Suci mengungkapkan bahwa kebenaran tidak hanya memberi kita informasi—tetapi juga *berbicara* kepada kita. Firman Tuhan bukanlah sesuatu yang statis.

Ia hidup. Ia menyelidiki. Ia menyebutkan maksud.

Hari pertama bukan tentang tindakan.

Ini tentang *pengakuan* .

Jika Anda telah memulai perjalanan ini, itu karena sesuatu telah menggerakkan—sesuatu telah menekan, mempertanyakan, menggoyahkan, atau mengundang. Penggerakan ini bukanlah kebetulan. Ini adalah Roh yang mulai menulis.

Anda di sini bukan untuk mengonsumsi konten.

Anda di sini untuk dibentuk.

Sebelum ketaatan terbentuk, kejujuran harus berakar terlebih dahulu.

Pemeriksaan Jantung

Renungkan pertanyaan-pertanyaan ini dengan tenang. Jangan terburu-buru menjawabnya.

1. **Kebenaran apa yang belakangan ini begitu menekan Anda dan belum Anda tanggapi?**
2. **Di mana Anda tetap bersikap netral meskipun kejelasan sudah datang?**
3. **Apa yang Anda rasakan mungkin Tuhan minta Anda *akui* sebelum Dia meminta Anda untuk *bertindak* ?**

Latihan Hari Ini (Sederhana namun Bermakna)
Latihan hari ini adalah **keheningan** .
Sisihkan **waktu 10 menit tanpa gangguan** .
Tanpa telepon. Tanpa musik. Tanpa menulis jurnal.
Duduklah dengan tenang di hadapan Tuhan dan ucapkan hanya ini—dengan suara lantang atau dalam hati:
"Tuhan, aku mendengarkan."
Jangan menjelaskan.
Jangan bernegosiasi. Jangan merencanakan ke depan.
Biarkan kebenaran muncul tanpa perlawanan.

Doa
Bapa,
aku mengakui bahwa Engkau tidak jauh. Firman-Mu hidup, dan Firman itu menyelidikiku. Aku menyerahkan kebutuhanku untuk tetap netral. Ajari aku untuk mendengarkan sebelum bertindak dan untuk menerima sebelum menanggapi. Tuliskan kebenaran-Mu dalam hidupku sampai ketaatanku menjadi nyata. Amin.

Pernyataan
Ucapkan ini dengan lantang dan perlahan:
Aku adalah surat hidup Kristus.
Aku tidak menolak kebenaran ketika kebenaran itu datang.
Aku memilih kejujuran daripada penundaan dan mendengarkan daripada netralitas. Hidupku sedang ditulis oleh Roh Allah.

Komitmen terhadap Ketaatan
Hari ini, saya bertekad untuk tidak terburu-buru.
Saya bertekad untuk **tetap hadir di saat ini** .

Saya bertekad untuk membiarkan kebenaran berbicara sebelum saya mencoba untuk menanggapi.

Orientasi Penutup

Jangan bergerak maju dulu.
Biarkan hari ini berlalu.
Ketaatan dimulai dengan perhatian.
Besok, kita akan menelaah **mengapa perlawanan seringkali tersembunyi di balik niat baik** .

HARI KEDUA

Ketika Perlawanan Menampilkan Wajah yang Masuk Akal

Bagaimana Niat Baik Menunda Ketaatan

AYAT-AYAT ALKITAB YANG MENJADI FOKUS UTAMA

- **Matius 7:15-20** — *Kamu akan mengenal mereka dari buahnya.*
- **Yakobus 1:22** — *Jadilah pelaku firman, dan bukan hanya pendengar saja, yang menipu diri sendiri.*
- **Lukas 9:57-62** — *Tidak seorang pun yang telah meletakkan tangannya pada bajak dan menoleh ke belakang, layak untuk Kerajaan Allah.*

Pembacaan Kitab Suci (Bacalah Perlahan)
"Mengapa kamu menyebut Aku Tuhan, Tuhan, tetapi tidak melakukan apa yang Kukatakan kepadamu?"
— Lukas 6:46
Bacalah lagi.
Biarkan pertanyaan itu tetap ada tanpa dijawab dulu.

Renungan
Perlawanan jarang menyatakan dirinya sebagai pemberontakan.
Lebih sering, hal itu menyamar sebagai *sikap yang masuk akal* .
Sebelum **CS Lewis** secara terbuka menolak Kekristenan, ia menundanya dengan logika, waktu yang tepat, dan ketulusan.
Ia tidak mengatakan "tidak" secara langsung. Ia berkata,

"belum," "bukan seperti ini," atau *"belum sampai saya lebih memahami."* Tanggapan-tanggapan ini terasa jujur—dan memang demikian—tetapi juga berfungsi sebagai tameng. Ini adalah salah satu bentuk penipuan diri yang paling halus. Kita berasumsi bahwa karena alasan kita terdengar bijaksana, maka alasan itu pasti setia. Kita mengacaukan penjelasan dengan ketaatan. Kita keliru menganggap refleksi sebagai respons. Kitab Suci memperingatkan kita dengan lembut namun jelas: mendengar tanpa berbuat dapat menjadi bentuk penipuan—bukan kemunafikan yang disengaja, tetapi penundaan yang tidak dipertimbangkan.

Yesus tidak menegur orang karena mengajukan pertanyaan. Dia menegur mereka karena menghindari keselarasan.

Hari ke-2 mengajak Anda untuk memperhatikan di mana perlawanan mungkin telah belajar terdengar bijaksana dalam hidup Anda. Di mana ketaatan telah ditunda di bawah panji kebijaksanaan. Di mana niat baik telah menggantikan tindakan penyerahan diri.

Buah menunjukkan kesetiaan.

Waktu akan mengungkap kebenaran.

Jika sesuatu telah lama mengganggu hati Anda, masalahnya mungkin bukan lagi soal kejelasan—melainkan soal persetujuan.

Pemeriksaan Jantung

Duduklah dengan tenang dan renungkan pertanyaan-pertanyaan ini.

Biarkan pertanyaan-pertanyaan itu memunculkan pola, bukan jawaban.

1. **Di mana Anda pernah mengatakan "ya" secara prinsip tetapi "nanti" dalam praktiknya?**
2. **Alasan apa yang paling sering Anda berikan untuk menunda kepatuhan?**
3. **Bagaimana Anda membedakan antara kebijaksanaan dan penghindaran dalam kehidupan Anda sendiri?**

Latihan Hari Ini (Kecil tapi Jujur)
Praktik hari ini adalah **penamaan** .
Ambil selembar kertas atau catatan di ponsel Anda.
Tuliskan **satu area** di mana Anda merasa Tuhan telah berbicara—tetapi Anda menunda untuk menanggapinya.
Jangan membenarkannya.
Jangan menjelaskannya. Sebutkan saja.
Lalu ucapkan ini dengan pelan:
"Tuhan, aku mengerti di mana aku telah lalai."
Itu saja.

Doa
Tuhan Yesus,
aku mengaku bahwa perlawanan tidak selalu tampak seperti pemberontakan. Terkadang itu tampak seperti kesabaran, kehati-hatian, atau kebijaksanaan. Periksalah aku dan ungkapkan di mana penundaan telah menggantikan ketaatan. Ajari aku untuk mengenali buah daripada alasan dan keselarasan daripada niat. Aku memilih kejujuran daripada perlindungan diri. Amin.

Pernyataan
Ucapkan ini dengan lantang:
Aku tidak mencampuradukkan niat dengan ketaatan.
Aku tidak menyembunyikan perlawanan di balik alasan. Aku belajar mengenali penundaan dan memilih keselarasan dengan kebenaran. Hidupku akan menghasilkan buah yang mencerminkan penyerahan diri.

Komitmen terhadap Ketaatan
Hari ini, saya berkomitmen untuk **pengakuan yang jujur** .
Saya tidak akan mengganti penundaan dengan kebijaksanaan.
Saya akan membiarkan Tuhan mengungkapkan apa yang perlu diselaraskan sebelum meminta arahan baru.

Orientasi Penutup
Jangan bertindak berdasarkan apa yang telah Anda sebutkan tadi.
Hari ini adalah tentang **melihat dengan jelas** , bukan memperbaiki dengan cepat.
Besok, kita akan membahas **mengapa ketaatan seringkali terasa berisiko meskipun kebenaran sudah jelas** .

HARI KETIGA

Ketika Kepatuhan Terasa Berisiko

Mengapa Kejelasan Tidak Selalu Berujung pada Tindakan

AYAT-AYAT ALKITAB YANG MENJADI FOKUS UTAMA

- **Amsal 3:5-6** — *Percayalah kepada Tuhan dengan segenap hatimu…*
- **Matius 14:28-31** — *Petrus berjalan di atas air… dan mulai tenggelam.*
- **Ibrani 11:8** — *Karena iman Abraham taat… tanpa mengetahui ke mana ia akan pergi.*

Pembacaan Kitab Suci (Bacalah Perlahan)
*"Percayalah kepada Tuhan dengan segenap hatimu,
dan janganlah bersandar pada pengertianmu sendiri."*
— Amsal 3:5
Berhenti sejenak.
Perhatikan di mana kepercayaan—bukan pengetahuan—ditekankan.

Renungan
Salah satu aspek kepatuhan yang paling disalahpahami adalah ini:
kepatuhan jarang terasa *aman* pada saat dibutuhkan.
Sebelum **CS Lewis** sepenuhnya memeluk agama Kristen, ia sudah mengetahui banyak hal tentang apa yang akan terjadi jika ia taat. Penolakannya bukan berakar pada ketidaktahuan. Itu berakar pada *risiko* . Ketaatan mengancam rasa kendali, prediktabilitas, dan kemandiriannya.
Hal ini masih berlaku bagi banyak orang hingga saat ini.
Kita sering berasumsi bahwa begitu kebenaran terungkap, tindakan akan mudah dilakukan. Kitab Suci menceritakan kisah yang berbeda. Kejelasan tidak menghilangkan rasa takut. Bahkan, kejelasan seringkali justru memperparahnya—karena sekarang biayanya terlihat jelas.
Ketaatan membutuhkan kepercayaan pada saat yang tepat ketika hasilnya belum diketahui.
Petrus tidak tenggelam karena ia meragukan keberadaan Yesus.
Ia tenggelam karena rasa takut mengalihkan perhatiannya.
Abraham tidak taat karena ia memiliki peta.
Ia taat karena ia percaya kepada Dia yang memanggilnya.
Hari ke-3 mengajak Anda untuk melihat bahwa keraguan tidak selalu berarti pemberontakan—seringkali itu adalah rasa takut akan kehilangan, terbongkarnya rahasia, atau perubahan. Ketaatan menuntut kita untuk melangkah maju sebelum keselamatan terjamin. Ketaatan membutuhkan iman bukan sebagai keyakinan akan hasil akhir, tetapi sebagai keyakinan akan karakter Tuhan.

Di sinilah banyak orang berhenti sejenak tanpa batas waktu. Kita menunggu kepastian ketika Tuhan meminta kepercayaan. Kita menunggu jaminan ketika Tuhan meminta keselarasan. Kita menunggu kejelasan tentang masa depan ketika Tuhan meminta ketaatan di masa kini.
Kepatuhan terasa berisiko karena menghilangkan ilusi kendali. Namun Kitab Suci secara konsisten mengungkapkan bahwa iman bukanlah ketiadaan rasa takut—melainkan pergerakan *melewati* rasa takut.

Pemeriksaan Jantung
Renungkan pertanyaan-pertanyaan ini tanpa terburu-buru.

1. **Aspek kepatuhan mana yang saat ini terasa paling berisiko bagi Anda?**
2. **Hasil apa yang ingin Anda lindungi dari diri Anda sendiri?**
3. **Bagaimana biasanya Anda menanggapi ketika Tuhan meminta adanya pergerakan sebelum kepastian?**

Latihan Hari Ini (Kecil tapi Berani)
Praktik hari ini adalah **doa yang berlandaskan kepercayaan**

.

Carilah tempat yang tenang.
Sebutkan **satu ketakutan spesifik** yang berkaitan dengan kepatuhan.
Kemudian ucapkan kalimat ini perlahan-lahan, tiga kali:
"Tuhan, aku lebih percaya kepada-Mu daripada hasil yang kutakutkan."
Jangan berdebat dengan rasa takut.
Jangan menghilangkannya. Cukup berikan kepercayaan padanya.

Doa
Bapa,
Engkau tahu di mana ketaatan terasa berat bagiku. Engkau melihat ketakutan di balik keraguanku. Ajari aku untuk

mempercayai karakter-Mu ketika aku tidak dapat memprediksi hasilnya. Aku memilih iman yang membawaku maju, bahkan ketika ketakutan masih ada. Amin.

Pernyataan

Ucapkan ini dengan lantang:

Aku tidak menunggu kepastian untuk taat.

Aku percaya kepada Dia yang memanggilku maju. Ketakutan tidak mengendalikan keputusanku. Iman membimbingku selangkah demi selangkah. Ketaatanku tumbuh lebih kuat daripada keraguanku.

Komitmen terhadap Ketaatan

Hari ini, saya berkomitmen untuk **mempercayai karakter Tuhan**

bahkan ketika hasilnya masih belum jelas. Saya tidak akan mengacaukan rasa takut dengan kebijaksanaan, atau penundaan dengan kearifan.

Orientasi Penutup

Jangan terburu-buru.

Hari ini adalah tentang **mengenali rasa takut** , bukan menaklukkannya.

Besok, kita akan membahas **bagaimana kesombongan secara halus menolak kepatuhan sambil tampak bertanggung jawab** .

HARI KEEMPAT

Ketika Kebanggaan Terdengar Bertanggung Jawab

Bagaimana Kemandirian Menyamar Sebagai Kebijaksanaan

AYAT-AYAT ALKITAB YANG MENJADI FOKUS UTAMA

- **Amsal 16:18** — *Kesombongan mendahului kehancuran…*
- **Lukas 18:9-14** — *Orang Farisi dan pemungut pajak.*
- **Roma 12:3** — *Janganlah kamu menganggap dirimu lebih tinggi daripada yang seharusnya…*

Pembacaan Kitab Suci (Bacalah Perlahan)
"Allah menentang orang yang sombong
, tetapi memberi kasih karunia kepada orang yang rendah hati."
— Yakobus 4:6
Baca lagi.
Perhatikan kata " *menentang*" .

Renungan
Tidak semua kebanggaan itu diungkapkan dengan lantang.
Kebanggaan tertentu terdengar hati-hati.
Terukur. Bertanggung jawab.
Sebelum **CS Lewis** menyerahkan diri kepada Kristus, salah satu bentuk perlawanan terkuat yang dihadapinya bukanlah kesombongan—melainkan *kepercayaan diri* . Ia percaya bahwa dirinya bersikap masuk akal, bijaksana, dan disiplin. Dan memang demikian adanya. Tetapi di balik sikap itu terdapat asumsi yang lebih dalam: *Saya mampu mengatur diri saya sendiri.*

Ini adalah salah satu penyamaran kesombongan yang paling meyakinkan.

Kita sering membayangkan kesombongan sebagai sikap membual atau merasa diri penting. Kitab Suci mengungkapkan sesuatu yang lebih halus: kesombongan adalah keyakinan bahwa *saya tahu yang terbaik dalam mengatur hidup saya* . Itu adalah pengaturan diri yang ditampilkan sebagai kedewasaan. Kontrol yang ditampilkan sebagai kehati-hatian. Kemandirian yang ditampilkan sebagai kebijaksanaan.

Lewis menyadari bahwa selama ia tetap menjadi otoritas tertinggi, Kekristenan tidak dapat berakar sepenuhnya. Ia dapat menerima bimbingan moral, menghargai ajaran Kristen, dan bahkan mengagumi Kristus—sambil tetap mempertahankan kendali atas seperti apa ketaatan itu.

Kesombongan tidak selalu menolak Tuhan.

Seringkali kesombongan justru bernegosiasi dengan-Nya. Pada prinsipnya ia setuju, tetapi dalam praktiknya ia menolak untuk menyerah. Ia lebih memilih konsultasi daripada penyerahan diri. Ia menerima bantuan tanpa melepaskan wewenang. Dan karena terasa masuk akal, ia seringkali tidak ditentang.

Yesus membahas hal ini secara langsung dalam perumpamaan-Nya. Orang Farisi dalam Lukas 18 tidak tampak tidak bermoral. Ia tampak bertanggung jawab. Teguh. Religius. Namun sikapnya tidak memberi ruang bagi kasih karunia, karena tidak memberi ruang bagi kebutuhan.

Rahmat tidak dapat hadir di tempat di mana kemandirian tetap terjaga.

Hari ke-4 mengajak Anda untuk memperhatikan di mana ketaatan mungkin ditolak bukan melalui pembangkangan, tetapi melalui kepercayaan diri. Di mana ketergantungan pada penilaian Anda sendiri diam-diam bersaing dengan kepercayaan pada arahan Tuhan.

Ini bukan tentang mengutuk kompetensi atau tanggung jawab.

Ini tentang mengenali kapan hal-hal tersebut telah menggantikan ketergantungan.

Kesombongan jarang menunjukkan dirinya sebagai pemberontakan.
Ia berbisik, "*Aku bisa mengatasinya.*"

Pemeriksaan Jantung
Duduklah dengan tenang dan renungkan pertanyaan-pertanyaan ini.

1. **Di bagian mana Anda paling mengandalkan penilaian Anda sendiri daripada bimbingan Tuhan?**
2. **Bagaimana Anda merespons ketika kepatuhan terasa tidak efisien atau tidak praktis?**
3. **Seperti apa wujud kerendahan hati di bidang-bidang di mana Anda merasa paling kompeten?**

Latihan Hari Ini (Sederhana namun Mengungkapkan Sesuatu)
Latihan hari ini adalah **pelepasan** .
Identifikasi **satu keputusan, kebiasaan, atau bidang kehidupan** yang Anda kelola sepenuhnya sendiri.
Ucapkan kalimat ini perlahan-lahan:
"Tuhan, aku melepaskan kebutuhanku untuk mengendalikan ini."
Jangan diperbaiki.
Jangan ditingkatkan. Serahkan saja ke dalam pemeliharaan Tuhan.

Doa
Bapa,
aku mengaku bahwa kesombongan tidak selalu terasa berdosa. Terkadang terasa bijaksana, hati-hati, dan kuat. Tunjukkan padaku di mana pengendalian diri telah menggantikan kepercayaan. Ajarkan aku kerendahan hati yang menerima kasih karunia dan ketaatan yang mengalir dari ketergantungan. Aku menyerahkan diri agar Engkau dapat memimpin. Amin.

Pernyataan

Ucapkan ini dengan lantang:
Aku tidak mengandalkan pemahamanku sendiri.
Aku menyerahkan kemampuanku kepada hikmat Tuhan.
Kesombongan tidak membimbing keputusanku. Anugerah membentuk ketaatanku. Aku memilih kerendahan hati daripada kendali.

Komitmen terhadap Ketaatan
Hari ini, saya berkomitmen untuk **melepaskan kendali diri** . Saya tidak akan mencampuradukkan tanggung jawab dengan kemandirian, atau kebijaksanaan dengan kendali. Saya memilih kepercayaan daripada kemandirian.

Orientasi Penutup
Jangan terburu-buru mengoreksi apa pun hari ini.
Hari ini adalah tentang **mengenali postur tubuh** , bukan tentang menghasilkan perubahan.
Besok, kita akan membahas **bagaimana kepatuhan sebagian menciptakan konflik batin.**

HARI KELIMA

Ketika Kepatuhan Bersifat Sebagian

Mengapa Loyalitas yang Terpecah Menciptakan Konflik Batin

AYAT-AYAT ALKITAB YANG MENJADI FOKUS UTAMA

- **1 Raja-raja 18:21** — *Berapa lama lagi kamu akan bimbang di antara dua pendapat?*
- **Lukas 9:23** — *Barangsiapa ingin menjadi murid-Ku, ia harus menyangkal dirinya…*
- **Roma 7:22-25** — *Aku senang akan hukum Allah… tetapi aku melihat hukum lain yang bekerja di dalam diriku.*

Pembacaan Kitab Suci (Bacalah Perlahan)
"Tidak seorang pun dapat melayani dua tuan."
— Matius 6:24
Berhenti sejenak.
Jangan menafikan ayat tersebut. Biarkan saja.

Renungan
Kepatuhan sebagian terasa masuk akal.
Hal itu memungkinkan kita untuk mengatakan ya tanpa harus menyerahkan segalanya. Hal itu memungkinkan kita untuk mengikuti Kristus secara nyata sambil diam-diam menyimpan area tertentu untuk diri kita sendiri. Dan karena ketaatan sebagian seringkali tampak tulus, hal itu dapat berlanjut selama bertahun-tahun tanpa ditegur.

Sebelum **CS Lewis** sepenuhnya menyerahkan diri kepada Kristus, ia hidup dalam ketegangan ini. Ia mengagumi kebenaran Kristen, menerima kejelasan moralnya, dan bahkan mengakui otoritasnya—namun ia menunda penyerahan diri sepenuhnya. Hidupnya tidak ditandai oleh pemberontakan terbuka, tetapi oleh kesetiaan yang terbagi.

Perpecahan ini menciptakan ketegangan.

Kitab Suci tidak menggambarkan konflik batin sebagai sebuah misteri. Kitab Suci menyebutnya sebagai akibat dari otoritas yang saling bersaing. Ketika Kristus memerintah beberapa bidang dan diri sendiri memerintah bidang lainnya, kedamaian tetap sulit dicapai. Bukan karena Allah menahannya—tetapi karena pemerintahan yang terbagi tidak dapat mempertahankan keutuhan.

Ketaatan sebagian akan melelahkan kita.

Kita memikul beban pengambilan keputusan sambil berusaha mengikuti Kristus. Kita mengelola iman daripada menerima bimbingan. Kita berayun antara kepercayaan dan kendali, ketaatan dan keraguan. Dan hasilnya seringkali kelelahan, frustrasi, dan perasaan diam bahwa ada sesuatu yang tidak sesuai.

Tuhan tidak memperlihatkan ketegangan ini untuk mempermalukan kita.

Dia mengungkapkannya untuk mengajak kita beristirahat.

Ketenangan tidak ditemukan dalam berbuat lebih sedikit untuk Tuhan, tetapi dalam menyerahkan diri lebih banyak kepada-Nya.

Lewis akhirnya menyadari bahwa Kekristenan tidak berfungsi di bawah kepemimpinan bersama. Kristus tidak menegosiasikan otoritas; Dia mengambilnya. Kedamaian yang dicari Lewis tidak datang melalui penyesuaian bertahap, tetapi melalui pelepasan kendali.

Hari ke-5 mengajak Anda untuk memperhatikan di mana ketaatan mungkin tulus tetapi tidak lengkap. Di mana Kristus disambut sebagai Juruselamat tetapi ditolak sebagai Tuhan. Di mana iman telah terpecah untuk mempertahankan kenyamanan, kendali, atau keakraban.

Pengakuan ini bukanlah kegagalan.
Ini adalah kemajuan.
Konflik batin sering kali menandakan bahwa keselarasan sudah dekat.

Pemeriksaan Jantung
Renungkan pertanyaan-pertanyaan ini dengan tenang.

1. **Di mana Anda pernah menawarkan kepatuhan dengan syarat tertentu?**
2. **Bidang kehidupan mana yang terasa paling resisten terhadap penyerahan diri sepenuhnya?**
3. **Bagaimana kepatuhan sebagian проявляется secara emosional—dalam bentuk kelelahan, frustrasi, atau kegelisahan?**

Latihan Hari Ini (Singkat namun Mencerahkan)
Praktik saat ini adalah **inventarisasi yang jujur** .
Tuliskan **tiga bidang** dalam hidup Anda:

- Suatu tempat di mana kepatuhan terasa alami.
- Suatu situasi di mana kepatuhan terasa selektif.
- Suatu situasi di mana kepatuhan terasa ditentang.

Jangan menilai apa yang Anda tulis.
Cukup perhatikan polanya.
Lalu ucapkan dengan pelan:
"Tuhan, tunjukkan padaku di mana kesetiaanku terbagi."

Doa
Tuhan Yesus,
aku mengaku bahwa aku sering kali memberikan ketaatan yang setengah-setengah kepada-Mu. Aku mengikuti-Mu di tempat yang terasa aman dan menolak-Mu di tempat yang terasa merugikan. Singkapkan di mana perpecahan telah menggantikan penyerahan diri. Ajari aku kedamaian yang datang dari keutuhan, bukan dari kendali. Aku memilih keselarasan daripada negosiasi. Amin.

Pernyataan

Ucapkan ini dengan lantang:
Aku tidak melayani tuan yang terpecah.
Aku memilih keutuhan daripada kendali. Ketaatanku tidak sebagian atau bersyarat. Kristus adalah Tuhan atas setiap area hidupku. Aku menerima kedamaian melalui penyerahan diri.

Komitmen terhadap Ketaatan

Hari ini, saya berkomitmen pada **kesadaran yang jujur** . Saya tidak akan lagi mengabaikan area-area di mana kesetiaan saya terpecah. Saya memilih keselarasan sebagai jalan menuju ketenangan.

Orientasi Penutup

Biarkan hari ini berlalu.
Jangan terburu-buru memperbaiki semuanya sekaligus.
Besok, kita akan membahas **mengapa ketaatan harus dipraktikkan setiap hari—bukan hanya diputuskan sekali.**

HARI KEENAM

Ketaatan Dipelajari Setiap Hari

Mengapa Penyelarasan Dipraktikkan, Bukan Diputuskan Sekali Saja

AYAT-AYAT ALKITAB YANG MENJADI FOKUS UTAMA

- **Lukas 9:23** — *Pikullah salibmu setiap hari dan ikuti Aku.*
- **Ratapan 3:22-23** — *Kasih karunia-Nya baru setiap pagi.*
- **Filipi 2:12-13** — *Kerjakanlah keselamatanmu... karena Allahlah yang bekerja di dalam kamu.*

Pembacaan Kitab Suci (Bacalah Perlahan)
"Siapa pun yang ingin menjadi murid-Ku harus menyangkal diri, memikul salibnya setiap hari, dan mengikuti Aku."
— Lukas 9:23
Perhatikan kata " **setiap hari"** .
Jangan mengabaikan makna spiritualnya.

Renungan
Salah satu kesalahpahaman yang diam-diam tentang ketaatan adalah keyakinan bahwa hal itu dapat diselesaikan sekali dan untuk selamanya.
Kita membayangkan momen yang menentukan—sebuah doa, sebuah komitmen, sebuah terobosan—setelah itu ketaatan menjadi otomatis. Tetapi Alkitab secara konsisten menyajikan ketaatan bukan sebagai peristiwa tunggal, melainkan sebagai **sikap sehari-hari** .

Sebelum **CS Lewis** menjadi suara Kristen di depan publik, penyerahannya terjadi secara bertahap. Perlawanannya tidak runtuh dalam satu tindakan dramatis; perlawanan itu melonggar melalui pilihan-pilihan biasa yang berulang untuk selaras dengan kebenaran sebagaimana adanya. Ketaatan dipelajari melalui ritme, bukan tekad.

Ini sangat membebaskan.

Jika ketaatan dipertahankan melalui intensitas, sebagian besar akan cepat gagal. Sebaliknya, Tuhan membentuk ketaatan melalui pengulangan—melalui kembali setiap hari pada keputusan yang sama: *Siapa yang bertanggung jawab hari ini?*

Ketaatan sehari-hari mengakui sesuatu yang jujur tentang diri kita:

kita bangun setiap pagi dengan diri sendiri yang masih bersemangat untuk berkuasa.

Ini bukanlah kegagalan.

Ini adalah kenyataan.

Kitab Suci tidak meminta kita untuk menyalibkan diri sendiri hanya sekali.

Kitab Suci meminta kita untuk memikul salib **setiap hari** .

Hari ke-6 mengajak Anda untuk melepaskan tekanan kesempurnaan dan merangkul disiplin kehadiran. Ketaatan tumbuh bukan melalui upaya heroik, tetapi melalui persetujuan yang berulang. Setiap hari menjadi kesempatan baru untuk menyelaraskan kembali—bukan karena kemarin tidak cukup, tetapi karena hari ini membawa pilihan-pilihannya sendiri.

Rahmat Tuhan menyertai kita di sana.

Ketaatan sehari-hari tidak menuntut kita untuk merasa terikat.

Yang dituntut adalah kita tetap siap sedia.

Hal itu tidak membutuhkan pandangan ke depan.

Yang dibutuhkan adalah kesetiaan di saat ini.

Inilah cara agar transformasi menjadi berkelanjutan.

Pemeriksaan Jantung

Renungkan pertanyaan-pertanyaan ini dengan tenang.

1. **Di mana Anda mengharapkan ketaatan ditetapkan sekali saja dan bukan dipraktikkan setiap hari?**
2. **Bagaimana biasanya Anda bereaksi ketika kejelasan kemarin terasa jauh hari ini?**
3. **Seperti apa jadinya jika ketaatan didekati sebagai tindakan yang dilakukan setiap hari, bukan sebagai keadaan permanen?**

Latihan Hari Ini (Sederhana dan Dapat Diulang)
Praktik saat ini adalah **persetujuan harian** .
Di awal hari Anda—atau sekarang juga—ucapkan ini perlahan:
"Tuhan, hari ini aku memilih keselarasan."
Jangan menambahkan syarat.
Jangan membuat proyeksi ke masa depan.
Biarkan ketaatan tetap berada dalam bentuk waktu sekarang.

Doa
Bapa,
terima kasih karena ketaatan dibentuk seiring waktu.
Bebaskan aku dari tekanan untuk menyelesaikan semuanya sekaligus. Ajari aku kesetiaan dalam pilihan hari ini dan percaya pada belas kasih-Mu untuk hari esok.
Kupersembahkan hari ini kepada-Mu—tidak sempurna, tetapi dengan rela. Amin.

Pernyataan
Ucapkan ini dengan lantang:
Ketaatan dibentuk setiap hari dalam hidupku.
Aku tidak bergantung pada tekad kemarin. Aku memilih keselarasan hari ini. Kasih karunia Tuhan menemuiku dalam pengulangan. Imanku bertumbuh melalui praktik yang setia.

Komitmen terhadap Ketaatan

Hari ini, saya berkomitmen untuk **ketaatan saat ini** .
Saya tidak akan menuntut kepastian untuk hari esok sebelum menyerah hari ini. Saya memilih penyesuaian harian daripada kesempurnaan yang tertunda.

Orientasi Penutup
Semoga hari ini menjadi terang.
Anda sedang mempelajari ritme, bukan membuktikan pengabdian.
Besok, kita akan membahas **mengapa ketaatan semakin mendalam melalui pilihan-pilihan kecil yang tersembunyi, bukan pilihan-pilihan yang terlihat** .

HARI KETUJUH

Kesetiaan di Tempat-Tempat Tersembunyi

Mengapa Ketaatan Berkembang di Tempat yang Tak Terlihat Siapa Pun

AYAT-AYAT ALKITAB YANG MENJADI FOKUS UTAMA

- **Matius 6:1-6** — *Bapamu yang melihat di tempat tersembunyi akan memberi upah kepadamu.*
- **Lukas 16:10** — *Barangsiapa setia dalam hal yang kecil, ia juga setia dalam hal yang besar.*
- **Kolose 3:23-24** — *Apa pun yang kamu kerjakan, kerjakanlah dengan sepenuh hati, seolah-olah untuk Tuhan.*

Pembacaan Kitab Suci (Bacalah Perlahan)

"Bapamu, yang melihat apa yang dilakukan di tempat tersembunyi, akan memberi upah kepadamu."
— Matius 6:4
Berhenti sejenak.
Perhatikan siapa audiensnya.

Renungan
Sebagian besar ketaatan terjadi di tempat yang tidak dapat diukur.
Sebelum **CS Lewis** berbicara secara terbuka tentang Kekristenan, ketaatannya dibentuk dengan cara yang tak terlihat. Penyerahannya tidak dimulai di atas mimbar atau dalam bentuk tulisan. Itu terungkap dalam penyesuaian pribadi—pilihan yang tidak dipuji siapa pun, penyesuaian yang tidak diperhatikan siapa pun, kesetiaan yang tidak menghasilkan pengakuan langsung.
Di sinilah ketaatan tumbuh paling kuat.
Kita sering mengaitkan ketaatan dengan tindakan yang terlihat—iman di depan umum, pendirian moral, keputusan yang berani. Kitab Suci mengungkapkan sesuatu yang lebih tenang: Tuhan membentuk karakter di tempat-tempat tersembunyi. Apa yang kita lakukan ketika tidak ada yang melihat akan membentuk siapa kita ketika semua orang melihat.
Kepatuhan tersembunyi menguji motif.
Pertanyaan yang diajukan adalah apakah kita mengikuti Kristus untuk mendapatkan pengakuan atau untuk berpihak. Apakah kita taat untuk mendapatkan imbalan atau untuk kesetiaan. Apakah kesetiaan kita bergantung pada penegasan atau tetap teguh dalam ketidakjelasan.
Lewis sangat memahami hal ini. Ketaatannya di awal tidak membuatnya terkenal. Itu membuatnya setia. Jauh sebelum tulisannya memengaruhi jutaan orang, pilihan-pilihannya membentuk kehidupan yang terarah pada kebenaran.
Buahnya datang kemudian. Pembentukannya datang terlebih dahulu.

Hal ini menjadi tantangan tersendiri dalam budaya yang menghargai visibilitas.

Kita tergoda untuk mengukur kemajuan berdasarkan seberapa terlihatnya sesuatu. Kita menyamakan pertumbuhan dengan pengakuan. Namun Yesus secara konsisten mengalihkan perhatian dari orang banyak kepada Bapa yang melihat di tempat tersembunyi.

Hari ke-7 mengajak Anda untuk mengubah sudut pandang tentang ketaatan, bukan sebagai sebuah pertunjukan, melainkan sebagai kehadiran.

Ketaatan yang tersembunyi bukanlah kesia-siaan.

Justru ketaatan itu memiliki bobot.

Hal itu mempersiapkan kita untuk memikul tanggung jawab tanpa korupsi, memengaruhi tanpa kesombongan, dan meraih hasil tanpa merasa berhak. Kesetiaan secara diam-diam membentuk tulang punggung integritas publik.

Jika Anda merasa tidak diperhatikan dalam ketaatan Anda, Anda tidak tertinggal.

Anda sedang dibentuk.

Pemeriksaan Jantung

Renungkan pertanyaan-pertanyaan ini dengan tenang.

1. **Perbuatan ketaatan apa dalam hidup Anda yang tidak terlihat oleh orang lain?**
2. **Bagaimana reaksi emosional Anda ketika kesetiaan tidak dihargai?**
3. **Apa yang paling memotivasi ketaatan Anda—keselarasan atau penegasan?**

Latihan Hari Ini (Tenang dan Penuh Kesadaran)

Praktik hari ini adalah **ketaatan secara rahasia** .

Pilihlah **satu tindakan kecil kesetiaan** yang tidak akan diketahui orang lain:

- Sebuah doa
- Tindakan menahan diri
- Momen kemurahan hati

- Keputusan untuk berbicara dengan baik atau tetap diam.

Lakukan dengan tenang.
Jangan direkam. Jangan disebutkan.
Biarlah itu menjadi urusan antara kamu dan Tuhan.

Doa
Bapa,
Engkau melihat apa yang dilakukan secara rahasia. Ajari aku untuk menghargai tatapan-Mu lebih dari sekadar pengakuan. Bentuklah ketaatanku di mana tepuk tangan tak ada dan kesetiaan harus berdiri sendiri. Kupersembahkan kepada-Mu apa yang tak seorang pun akan lihat. Amin.

Pernyataan
Ucapkan ini dengan lantang:
Ketaatanku bukanlah sekadar sandiwara.
Aku setia di tempat yang tak seorang pun lihat. Tuhan membentuk karakterku di tempat-tempat tersembunyi. Aku hidup untuk keselarasan, bukan tepuk tangan. Kesetiaanku membuahkan hasil pada waktunya.

Komitmen terhadap Ketaatan
Hari ini, saya berkomitmen pada **kesetiaan yang tersembunyi** .
Saya memilih ketaatan tanpa pengakuan dan keselarasan tanpa penegasan.

Orientasi Penutup
Dengan ini, **Pekan Pertama telah berakhir** .
Anda tidak diminta melakukan banyak hal—
tetapi banyak hal telah terjadi secara diam-diam.
Minggu depan, kita akan mengeksplorasi **bagaimana kepatuhan membentuk kembali keinginan, bukan hanya perilaku** .

HARI KEDELAPAN

Ketika Keinginan Mulai Berubah

Bagaimana Ketaatan Mengatur Ulang Apa yang Kita Cintai

AYAT-AYAT ALKITAB YANG MENJADI FOKUS UTAMA

- **Mazmur 37:4** — *Bergembiralah dalam Tuhan, dan Ia akan memberikan kepadamu keinginan hatimu.*
- **Yehezkiel 36:26** — *Aku akan memberikan kepadamu hati yang baru dan menaruh roh yang baru di dalam dirimu.*
- **Galatia 5:16-17** — *Hiduplah menurut Roh, maka kamu tidak akan memuaskan keinginan daging.*

Pembacaan Kitab Suci (Bacalah Perlahan)
"Aku akan memberikan kepadamu hati yang baru
dan roh yang baru di dalam dirimu."
— Yehezkiel 36:26
Perhatikan bahwa Tuhan tidak memulai dari perilaku.
Dia memulai dari **hati** .

Renungan
Banyak orang beranggapan bahwa kepatuhan menekan keinginan.
Mereka membayangkan iman sebagai pengekangan—melakukan apa yang benar sambil mendambakan sesuatu yang lain. Kesalahpahaman ini menyebabkan ketaatan terasa berat dan sementara. Namun Kitab Suci mengungkapkan kebenaran yang lebih dalam: ketaatan tidak hanya mengekang keinginan; tetapi juga **membentuknya kembali** .

Sebelum **CS Lewis** mengalami kebebasan yang langgeng di dalam Kristus, ia belajar bahwa transformasi Kristen bukanlah tentang mengalahkan keinginan melalui kemauan keras. Melainkan tentang membiarkan keinginan itu sendiri diatur ulang. Apa yang dulunya menjauhkannya dari Tuhan, perlahan mulai kehilangan otoritasnya.

Hal ini tidak terjadi secara instan.

Keinginan berubah secara bertahap—melalui penyesuaian berulang, melalui memilih ketaatan bahkan ketika keinginan tertinggal. Seiring waktu, apa yang dulunya terasa mahal mulai terasa alami. Apa yang dulunya membutuhkan usaha mulai membawa kedamaian.

Ini bukanlah penindasan.

Ini adalah pembaharuan.

Tuhan tidak meminta kita untuk berpura-pura bahwa keinginan kita berbeda dari yang sebenarnya. Dia berjanji untuk *membuat keinginan kita berbeda* . Tetapi janji itu terwujud melalui praktik, bukan tekanan. Saat kita berjalan dalam ketaatan, Roh Kudus membentuk kembali kasih kita dari dalam ke luar.

Hari ke-8 mengajak Anda untuk memperhatikan perubahan-perubahan kecil.

Anda mungkin belum menginginkan semua yang Tuhan minta.

Tetapi Anda mungkin mulai menginginkan *keselarasan itu sendiri* .

Dan di situlah perubahan dimulai.

Kedewasaan Kristen tidak ditandai dengan ketiadaan keinginan, tetapi dengan transformasi keinginan tersebut.

Pemeriksaan Jantung

Renungkan pertanyaan-pertanyaan ini dengan tenang.

1. **Keinginan apa saja yang saat ini bersaing dengan ketaatan dalam hidup Anda?**
2. **Apakah Anda menyadari ada keinginan yang kehilangan daya tariknya sejak memulai perjalanan ini?**

3. **Apa artinya mempercayakan Tuhan untuk membentuk kembali keinginan Anda, bukan hanya tindakan Anda?**

Latihan Hari Ini (Lembut dan Observasional)

Latihan hari ini adalah **memperhatikan keinginan** .
Sepanjang hari, luangkan waktu satu atau dua kali untuk bertanya pada diri sendiri:
"Apa yang saya inginkan saat ini?"
Jangan menghakimi keinginan itu.
Jangan mengoreksinya. Cukup perhatikan saja.
Kemudian berdoalah dengan tenang:
"Tuhan, bentuklah apa yang kucintai."

Doa

Bapa,
Engkau lebih mengetahui keinginan-keinginanku daripada diriku sendiri. Aku membawa keinginan-keinginanku kepada-Mu tanpa berpura-pura atau menyembunyikannya. Bentuklah hatiku dari dalam ke luar. Jadikan ketaatan sebagai sesuatu yang kuinginkan, bukan sekadar sesuatu yang kulakukan. Aku mempercayakan kasihku kepada-Mu.
Amin .

Pernyataan

Ucapkan ini dengan lantang:
Tuhan sedang membentuk kembali keinginan-keinginan saya. Ketaatan menjadi kesukaan saya. Saya berjalan menurut Roh, bukan menurut dorongan hati. Hati saya diperbarui setiap hari. Apa yang saya cintai semakin selaras dengan kebenaran.

Komitmen terhadap Ketaatan

Hari ini, saya berkomitmen untuk **menyadari keinginan dengan jujur** .
Saya tidak akan takut akan kerinduan saya atau berpura-pura bahwa kerinduan itu tidak ada. Saya percaya Tuhan akan menatanya kembali seiring waktu.

Orientasi Penutup
Jangan menilai hari ini berdasarkan perasaan.
Ukurlah dengan **perhatian** .
Keinginan berubah secara diam-diam.
Besok, kita akan membahas **mengapa ketaatan berkembang melalui kesabaran, bukan ketergesaan** .

HARI KESEMBILAN

Pekerjaan Tenang Kesabaran

Mengapa Ketaatan Berkembang Seiring Waktu

AYAT-AYAT ALKITAB YANG MENJADI FOKUS UTAMA

- **Yakobus 1:2-4** — *Biarlah ketekunan menyelesaikan pekerjaannya, supaya kamu menjadi dewasa dan sempurna.*
- **Galatia 6:9** — *Janganlah kita jemu-jemu berbuat baik…*
- **Mazmur 40:1** — *Aku sabar menunggu TUHAN; Ia berpaling kepadaku dan mendengar seruanku.*

Pembacaan Kitab Suci (Bacalah Perlahan)
"Biarlah ketekunan menyelesaikan pekerjaannya
, supaya kamu menjadi dewasa dan sempurna, tidak kekurangan apa pun."
— Yakobus 1:4
Perhatikan bahwa kedewasaan adalah sesuatu **yang diperbolehkan** , bukan dipaksakan.

Renungan
Ketaatan sering kali goyah bukan karena ditolak, tetapi karena dilakukan terburu-buru.
Kita menginginkan kejelasan dengan cepat. Perubahan dengan cepat. Penyelesaian dengan cepat. Dan ketika kemajuan terasa lambat, kita berasumsi ada sesuatu yang salah. Namun Kitab Suci secara konsisten mengungkapkan bahwa Tuhan bekerja **dengan sengaja** , bukan dengan tergesa-gesa. Dia membentuk kedewasaan dari waktu ke waktu, bukan melalui percepatan.

Sebelum **CS Lewis** menjadi suara Kristen yang terpercaya, sebagian besar pembentukannya terjadi secara diam-diam, tanpa tonggak penting yang terlihat. Ketaatannya terungkap melalui kesabaran—melalui membiarkan kebenaran melakukan pekerjaannya daripada menuntut hasil segera.

Ini sulit dipahami oleh pembaca modern.

Kita hidup dalam budaya serba instan. Kita mengharapkan transformasi yang terukur, cepat, dan menguatkan secara emosional. Tetapi pembentukan spiritual menolak efisiensi. Tuhan tidak terburu-buru menghasilkan hasil; Dia berkomitmen untuk menghasilkan *keutuhan* .

Kesabaran melindungi ketaatan.

Ketika kita terburu-buru dalam ketaatan, kita sering menggantikan aktivitas dengan keselarasan. Kita melakukan lebih banyak daripada memberi lebih banyak. Kita mengejar momentum daripada kedewasaan. Seiring waktu, ini menyebabkan kelelahan daripada buah.

Kitab Suci mengajak kita untuk memiliki sikap yang berbeda: ketekunan yang memungkinkan pekerjaan Tuhan terlaksana.

Ini bukan berarti pasif.

Ini berarti *kehadiran yang setia* .

Kesabaran dalam ketaatan mengajarkan kita untuk tetap selaras bahkan ketika hasilnya tidak terlihat. Hal itu melatih kita untuk mempercayai waktu Tuhan daripada memanipulasi hasil. Kesabaran memperdalam akar sehingga buah di masa depan dapat berkelanjutan.

Hari ke-9 mengajak Anda untuk melepaskan tekanan untuk "lebih maju." Pertumbuhan terjadi bahkan ketika terasa tak terlihat. Ketaatan matang bukan karena intensitas, tetapi karena konsistensi.

Menunggu bukanlah hal yang sia-sia ketika Tuhan sedang bekerja.

Pemeriksaan Jantung

Renungkan pertanyaan-pertanyaan ini dengan tenang.

1. **Di bagian mana Anda merasa tertekan untuk berkembang lebih cepat dari yang seharusnya?**

2. **Bagaimana Anda merespons ketika kepatuhan terasa berulang atau lambat?**
3. **Apa yang mungkin dilindungi oleh kesabaran dalam pembentukan spiritual Anda saat ini?**

Latihan Hari Ini (Pelan dan Penuh Perhatian)

Praktik saat ini adalah **kesetiaan tanpa terburu-buru** . Pilihlah **satu tindakan ketaatan biasa** yang sudah Anda praktikkan—doa, kebaikan, pengendalian diri, kejujuran. Lakukan hari ini juga **tanpa mencoba memperbaikinya** . Lakukan saja dengan setia.

Kemudian berdoalah:

"Tuhan, aku percaya pada waktu-Mu."

Doa

Bapa,

ajari aku untuk menghargai kesetiaan daripada kecepatan. Bebaskan aku dari tekanan untuk terburu-buru dalam pekerjaan-Mu. Bantulah aku tetap teguh ketika pertumbuhan terasa lambat dan bersabar ketika hasilnya belum terlihat. Aku percaya Engkau akan menyelesaikan apa yang telah Engkau mulai.

Amin.

Pernyataan

Ucapkan ini dengan lantang:

Aku tidak terburu-buru dalam mengerjakan pekerjaan Tuhan dalam hidupku.

Ketaatan tumbuh melalui kesabaran. Aku tetap setia dalam hal-hal biasa. Tuhan menyelesaikan pekerjaan-Nya pada waktu-Nya. Aku tumbuh teguh, berakar, dan utuh.

Komitmen terhadap Ketaatan

Hari ini, saya berkomitmen pada **penjajaran yang sabar** . Saya tidak akan mengukur kemajuan berdasarkan kecepatan atau menilai pertumbuhan berdasarkan visibilitas. Saya percaya Tuhan akan menyelesaikan pekerjaan-Nya dalam diri saya.

Orientasi Penutup
Semoga hari ini berjalan dengan tenang.
Kedewasaan tumbuh dengan tenang.
Besok, kita akan meneliti **bagaimana ketaatan membentuk kembali respons kita terhadap godaan—bukan dengan menghindar, tetapi dengan membentuknya** .

.

HARI KESEPULUH

Ketika Godaan Mengungkapkan Formasi

Mengapa Ketaatan Mengubah Cara Kita Merespons, Bukan Hanya Apa yang Kita Tolak

AYAT-AYAT ALKITAB YANG MENJADI FOKUS UTAMA

- **1 Korintus 10:13** — *Allah itu setia; Ia tidak akan membiarkan kamu dicobai melampaui kekuatanmu.*
- **Yakobus 1:13-15** — *Setiap orang dicobai ketika ia ditarik oleh keinginannya sendiri…*
- **Galatia 5:24-25** — *Mereka yang milik Kristus Yesus telah menyalibkan daging…*

Pembacaan Kitab Suci (Bacalah Perlahan)
"Setiap orang dicobai ketika ia ditarik oleh keinginannya sendiri dan dibujuk."
— Yakobus 1:14
Perhatikan di mana godaan dimulai.
Bukan di luar—tetapi di dalam.

Renungan
Godaan sering disalahpahami.
Kita memperlakukannya sebagai ancaman eksternal—sesuatu yang harus dihindari, ditekan, atau dijauhi. Kitab Suci menyajikan kebenaran yang lebih dalam: godaan mengungkapkan apa yang masih dibentuk di dalam diri kita.

Godaan menyingkapkan keinginan, kebiasaan, dan refleks yang secara bertahap dibentuk ulang oleh ketaatan.
Sebelum **CS Lewis** belajar berbicara dengan jelas tentang transformasi Kristen, ia mempelajarinya secara pribadi.
Godaan tidak hilang setelah beriman; godaan berubah karakternya seiring dengan semakin dalamnya ketaatan. Apa yang dulunya terasa sangat kuat perlahan-lahan kehilangan otoritasnya—bukan hanya melalui penghindaran, tetapi melalui penataan ulang keinginan.
Ini penting.
Kemenangan atas godaan bukanlah semata-mata tentang kemauan yang lebih kuat. Ini tentang kehendak yang telah diubah. Seiring ketaatan yang semakin matang, godaan dihadapi bukan dengan kepanikan, tetapi dengan kejelasan. Tarikan itu melemah karena hati sedang diarahkan kembali.
Godaan bukan berarti kegagalan.
Itu berarti proses pembentukan masih berlangsung.
Kitab Suci tidak mempermalukan kita karena dicobai. Kitab Suci mengajak kita untuk meneliti apa yang diungkapkan oleh godaan. Di mana keinginan masih belum terbentuk, godaan terasa mendesak. Di mana keinginan sedang dibentuk kembali, godaan terasa terungkap.
Hari ke-10 mengajak Anda untuk berhenti memperlakukan godaan sebagai keadaan darurat dan mulai melihatnya sebagai informasi.
Apa yang membuatmu tergoda mengungkapkan apa yang masih bersaing untuk mendapatkan kesetiaan. Dan kesadaran itu bukanlah penghukuman—melainkan bimbingan. Tuhan bahkan menggunakan godaan untuk menunjukkan kepada kita di mana ketaatan masih berakar.
Perubahan kerangka berpikir ini mengubah segalanya.
Alih-alih takut akan godaan, kita belajar darinya.
Alih-alih menyembunyikannya, kita menelaahnya. Alih-alih melawan secara membabi buta, kita bersekutu secara sengaja.
Ketaatan tidak membuat kita kebal. Ketaatan membuat kita lebih waspada.

Pemeriksaan Jantung

Renungkan pertanyaan-pertanyaan ini dengan tenang.

1. **Pola godaan apa yang paling sering muncul dalam hidup Anda?**
2. **Keinginan apa yang diungkapkan oleh godaan-godaan itu?**
3. **Bagaimana respons Anda terhadap godaan berubah—jika ada—sejak memulai perjalanan ini?**

Latihan Hari Ini (Reflektif dan Membumi)

Praktik hari ini adalah **menjawab pertanyaan yang diajukan** .

Saat Anda menyadari adanya godaan hari ini—kecil atau besar—berhentilah sejenak dan tanyakan pada diri sendiri:

"Apa yang hal ini ungkapkan tentang apa yang masih saya inginkan?"

Kemudian berdoalah dengan tenang:

"Tuhan, teruslah membentuk kembali hatiku."

Jangan mempermalukan diri sendiri.

Jangan terburu-buru pergi. Belajarlah saja.

Doa

Bapa,

terima kasih karena godaan tidak mendiskualifikasi saya. Ajari saya untuk melihatnya sebagai cermin, bukan vonis. Singkapkan apa yang masih bersaing untuk mendapatkan kesetiaan saya, dan terus bentuk kembali keinginan saya melalui ketaatan. Saya percaya pada kesetiaan-Mu dalam setiap ujian. Amin.

Pernyataan

Ucapkan ini dengan lantang:

Godaan tidak mendefinisikan diriku.

Tuhan sedang membentuk hatiku melalui ketaatan. Aku

hidup menurut Roh, bukan menurut dorongan hati. Keinginan-keinginanku sedang dibentuk ulang oleh kebenaran. Aku bertumbuh dalam kejelasan dan kebebasan setiap hari.

Komitmen terhadap Ketaatan

Hari ini, saya berkomitmen untuk **taat dengan penuh perhatian** .

Saya tidak akan takut akan godaan atau bersembunyi dari apa yang diungkapkannya. Saya mengizinkan Tuhan untuk menggunakan setiap saat untuk terus membentuk hati saya.

Orientasi Penutup

Anda tidak tertinggal.

Kamu sedang dibentuk.

Besok, kita akan membahas **bagaimana ketaatan diperkuat melalui komunitas, bukan isolasi.**

HARI KESEBELAS

Ketaatan Bertumbuh dalam Komunitas

Mengapa Pembentukan Tidak Pernah Dimaksudkan untuk Bersifat Pribadi

AYAT-AYAT ALKITAB YANG MENJADI FOKUS UTAMA

- **Ibrani 10:24-25** — *Marilah kita mempertimbangkan bagaimana kita dapat saling mendorong untuk mengasihi dan melakukan perbuatan baik.*
- **Pengkhotbah 4:9-12** — *Dua lebih baik daripada satu… tali yang terdiri dari tiga helai tidak mudah putus.*
- **Amsal 27:17** — *Seperti besi menajamkan besi, demikianlah orang menajamkan sesamanya.*

Pembacaan Kitab Suci (Bacalah Perlahan)
"Marilah kita mempertimbangkan bagaimana kita dapat saling mendorong untuk mengasihi dan melakukan perbuatan baik."
— Ibrani 10:24
Perhatikan kata " **pertimbangkan**" .
Komunitas membutuhkan niat.

Renungan
Salah satu mitos yang diam-diam beredar dalam keyakinan modern adalah anggapan bahwa ketaatan dapat dipertahankan hanya dengan sendirinya.
Kita menghargai privasi. Kemandirian. Spiritualitas pribadi. Meskipun ini bisa menjadi anugerah, hal-hal ini dengan

mudah menjadi beban ketika mengisolasi kita dari koreksi, dorongan, dan pemahaman bersama. Kitab Suci tidak pernah menggambarkan ketaatan sebagai usaha individual. Pembentukan, sesuai rancangannya, bersifat komunal. Sebelum **CS Lewis** dikenal karena tulisan-tulisan publiknya, ketaatannya diasah dalam persahabatan. Percakapan, perbedaan pendapat, pertanggungjawaban, dan pencarian kebenaran bersama membentuk imannya. Lewis tidak mencapai kedewasaan sendirian; ia dibentuk di antara orang lain yang menantang, mempertanyakan, dan berjalan bersamanya.

Komunitas mengungkap titik buta.

Jika dibiarkan sendiri, kita membenarkan penundaan. Kita menormalisasi kepatuhan sebagian. Kita mengacaukan ketulusan dengan keselarasan. Komunitas mengganggu pola-pola ini—bukan melalui penghakiman, tetapi melalui kehadiran. Orang lain melihat apa yang tidak dapat kita lihat. Mereka menyebutkan apa yang kita hindari. Mereka mengingatkan kita akan kebenaran ketika tekad kita melemah. Ini bukan berarti berbagi terus-menerus atau kerentanan yang dipaksakan. Ini berarti *arah bersama* . Berjalan menuju pusat yang sama. Membiarkan hidup kita cukup dikenal untuk dibentuk.

Hari ke-11 mengajak Anda untuk mempertimbangkan kembali bagaimana ketaatan berfungsi dalam hidup Anda. Di mana iman tetap terisolasi, seringkali iman menjadi rapuh. Di mana ketaatan dibagikan, ketaatan menjadi tangguh. Komunitas tidak menggantikan tanggung jawab pribadi. Justru memperkuatnya.

Tuhan menggunakan orang lain untuk menstabilkan langkah kita, untuk mengoreksi penyimpangan kita, dan untuk mengingatkan kita bahwa ketaatan bukanlah sekadar pencapaian individu—melainkan kesaksian bersama.

Pemeriksaan Jantung

Renungkan pertanyaan-pertanyaan ini dengan tenang.

1. **Di mana Anda cenderung mengisolasi keyakinan Anda dari orang lain?**
2. **Bagaimana biasanya Anda menanggapi koreksi atau tantangan?**
3. **Siapa yang cukup mengetahui kehidupanmu untuk mendorong ketaatanmu dengan jujur?**

Praktik Hari Ini (Relasional dan Intensional)
Praktik hari ini adalah **koneksi yang disengaja** .
Hubungi **satu orang yang Anda percayai** — seorang teman, mentor, atau sesama orang percaya.
Anda tidak perlu menjelaskan semuanya.
Cukup katakan sesuatu seperti:
"Saya lebih berupaya untuk menyelaraskan diri dalam hidup saya. Mohon doakan saya."
Biarlah ketaatan *terlihat* , meskipun hanya sebentar.

Doa
Bapa,
Engkau tidak merancangku untuk berjalan sendirian. Ajari aku untuk menerima kekuatan melalui persekutuan dan kerendahan hati melalui pencarian kebenaran bersama. Bantulah aku untuk menerima dorongan dan koreksi sebagai karunia yang melindungi ketaatanku. Aku memilih hubungan daripada keterasingan. Amin.

Pernyataan
Ucapkan ini dengan lantang:
Aku tidak dibentuk sendirian.
Tuhan menguatkan ketaatanku melalui komunitas. Aku menerima dorongan dan koreksi. Imanku tumbuh tangguh melalui pencarian kebenaran bersama. Aku berjalan selaras dengan orang lain.

Komitmen terhadap Ketaatan

Hari ini, saya berkomitmen pada **ketaatan bersama** .
Saya tidak akan mengisolasi apa yang sedang Tuhan bentuk.
Saya memilih koneksi sebagai perlindungan untuk keselarasan.

Orientasi Penutup
Hari ini perlu diingatkan kepada Anda:
ketaatan bukanlah pencapaian pribadi.
Besok, kita akan mengeksplorasi **bagaimana ketaatan membentuk kembali cara kita menghadapi kegagalan dan kelemahan** .

HARI KEDUA BELAS

Ketika Ketaatan Bertemu Kelemahan

Bagaimana Kegagalan Menjadi Tempat Pembentukan Diri

AYAT-AYAT ALKITAB YANG MENJADI FOKUS UTAMA

- **2 Korintus 12:9-10** — *Kasih karunia-Ku cukup bagimu, karena kuasa-Ku menjadi sempurna dalam kelemahan.*
- **Mazmur 51:16-17** — *Hati yang hancur dan menyesal, ya Allah, tidak akan Engkau hinakan.*
- **Amsal 24:16** — *Sekalipun orang benar jatuh tujuh kali, ia bangkit kembali.*

Pembacaan Kitab Suci (Bacalah Perlahan)
"Cukuplah kasih karunia-Ku bagimu,
karena kuasa-Ku menjadi sempurna dalam kelemahan."
— 2 Korintus 12:9
Berhenti sejenak.
Perhatikan bahwa kasih karunia bertemu dengan kelemahan—bukan kekuatan.

Renungan
Salah satu kesalahpahaman paling berbahaya tentang ketaatan adalah keyakinan bahwa kegagalan membuat kita tidak layak untuk taat.
Banyak orang percaya berasumsi bahwa ketaatan harus tanpa gangguan agar menjadi otentik. Ketika kelemahan muncul—ketika tekad goyah, ketika godaan menang, ketika keselarasan bergeser—kita mundur karena malu. Kita menafsirkan kegagalan sebagai bukti bahwa pembentukan telah berhenti.
Kitab Suci menceritakan kisah yang berbeda.
Sebelum menjadi suara Kristen yang terpercaya, **CS Lewis** belajar bahwa kelemahan tidak mengakhiri ketaatan—melainkan mengungkapkan di mana kasih karunia masih membentuknya. Kekristenan, sebagaimana dipahami Lewis, tidak bergantung pada konsistensi kita tetapi pada kesetiaan Tuhan. Ketaatan tidak hanya ditopang oleh kekuatan semata; ketaatan ditopang oleh *pertobatan* .
Kegagalan mengungkap apa yang belum sembuh.
Hal ini menunjukkan kepada kita di mana kemandirian masih berperan, di mana kerendahan hati masih dibutuhkan, di mana kasih karunia belum sepenuhnya diterima. Tuhan tidak menggunakan kegagalan untuk menghukum kita. Dia menggunakannya untuk mengundang ketergantungan yang lebih dalam.
Inilah mengapa Kitab Suci berbicara dengan begitu jujur tentang kejatuhan.
Orang benar jatuh—bukan hanya sekali, tetapi berulang kali. Yang membedakan mereka bukanlah kesempurnaan, melainkan respons. Mereka bangkit kembali karena kasih

karunia memulihkan apa yang akan ditinggalkan oleh kesombongan.
Hari ke-12 mengajak Anda untuk menata ulang persepsi tentang kelemahan.
Kelemahan bukanlah bukti bahwa ketaatan itu mustahil.
Justru kelemahan adalah bukti bahwa ketaatan harus ditopang oleh kasih karunia.
Ketika kita menyembunyikan kegagalan, ketaatan menjadi sekadar sandiwara.
Ketika kita mengungkapkan kegagalan, ketaatan menjadi kejujuran.
Lewis memahami bahwa Kekristenan tidak menghasilkan orang-orang yang sempurna. Kekristenan menghasilkan orang-orang yang bertobat. Orang-orang yang tidak membela kelemahan mereka, tetapi menyerahkannya. Orang-orang yang tidak berpura-pura kuat, tetapi belajar untuk bergantung pada kasih karunia.
Inilah cara ketaatan semakin mendalam.
Bukan dengan menghindari kelemahan,
tetapi dengan menghadapinya dengan kerendahan hati.

Pemeriksaan Jantung

Renungkan pertanyaan-pertanyaan ini dengan tenang.

1. **Bagaimana biasanya Anda bereaksi ketika gagal?** Dengan rasa malu, penyangkalan, tekad—atau kembali berusaha?
2. **Kelemahan apa dalam hidup Anda yang paling membuat Anda patah semangat saat ini?**
3. **Bagaimana mungkin Tuhan mengajak Anda untuk lebih bergantung pada kasih karunia daripada usaha sendiri?**

Praktik Hari Ini (Restoratif dan Jujur)

Latihan hari ini adalah **pengembalian** .
Identifikasi **satu kegagalan atau area kelemahan baru-baru ini** — kecil atau signifikan.

Sampaikan semuanya kepada Tuhan dengan jujur.
Tanpa penjelasan. Tanpa pembelaan.
Cukup berdoa:
"Tuhan, aku kembali kepada-Mu di sini."
Kemudian beristirahatlah.

Doa
Bapa,
aku membawa kelemahanku kepada-Mu tanpa menyembunyikannya. Aku melepaskan kebutuhan untuk tampak kuat dan menerima rahmat-Mu yang cukup. Ajari aku untuk segera kembali dan percaya bahwa Engkau sedang membentukku bahkan di saat aku merasa paling rapuh. Aku bergantung kepada-Mu. Amin.

Pernyataan
Ucapkan ini dengan lantang:
Kasih karunia Allah menemuiku dalam kelemahan. Kegagalan tidak membuatku tidak layak untuk taat. Aku kembali kepada Allah dengan cepat dan jujur. Hidupku dibentuk melalui kasih karunia, bukan kesempurnaan. Aku bangkit kembali oleh kekuatan Allah.

Komitmen terhadap Ketaatan
Hari ini, saya berkomitmen untuk **ketaatan yang penuh kasih karunia** .
Saya tidak akan menyembunyikan kelemahan saya atau meninggalkan jalan yang benar ketika saya jatuh. Saya memilih kerendahan hati, pertobatan, dan kepercayaan.
Orientasi Penutup
Anda belum selesai.
Kamu sedang dibentuk.
Besok, kita akan mengeksplorasi **bagaimana ketaatan membentuk kembali identitas kita—bukan sebagai orang yang berprestasi, tetapi sebagai putra dan putri** .

HARI KETIGABELAS

Dari Prestasi menuju Identitas

Mengapa Ketaatan Mengalir dari Siapa Diri Anda

AYAT-AYAT ALKITAB YANG MENJADI FOKUS UTAMA

- **Roma 8:15-16** — *Kamu telah menerima Roh pengadopsian...*
- **Yohanes 1:12-13** — *Kepada semua orang yang menerima Dia... Ia memberikan hak untuk menjadi anak-anak Allah.*
- **Galatia 4:6-7** — *Karena kamu adalah anak-anak Allah, maka Allah mengutus Roh Anak-Nya ke dalam hati kita...*

Pembacaan Kitab Suci (Bacalah Perlahan)
"Kamu tidak menerima roh yang menjadikan kamu budak ketakutan lagi,
tetapi kamu menerima Roh penghakiman anak."
— Roma 8:15
Perhatikan apa yang *bukan* merupakan dasar dari ketaatan: rasa takut.

Renungan
Salah satu penyimpangan kepatuhan yang paling melelahkan adalah ketika kepatuhan tersebut didorong oleh pencapaian daripada identitas.
Ketika ketaatan didorong oleh prestasi, kita berupaya untuk mendapatkan persetujuan. Kita taat untuk membuktikan ketulusan, untuk memvalidasi iman, atau untuk meredakan rasa tidak aman. Ketaatan semacam ini rapuh. Ia bergantung pada kinerja dan akan runtuh jika gagal.

Kitab Suci menyajikan landasan yang berbeda.
Ketaatan mengalir secara alami dari **rasa memiliki** .
Sebelum **CS Lewis** mengartikulasikan doktrin Kristen dengan jelas, ia harus melupakan asumsi yang sudah tertanam dalam dirinya: bahwa iman adalah sesuatu yang harus diperoleh melalui kebenaran atau usaha. Kekristenan, menurutnya, tidak merekrut orang-orang yang berprestasi—melainkan mengadopsi anak-anak.
Ini mengubah segalanya.
Anak-anak tidak patuh agar menjadi bagian dari keluarga. Mereka patuh karena mereka sudah menjadi bagian dari keluarga tersebut.
Ketika identitas mendahului ketaatan, sikapnya berubah. Kita tidak lagi taat untuk mendapatkan penerimaan Tuhan; kita taat karena kita hidup di dalamnya. Rasa takut kehilangan cengkeramannya. Kinerja kehilangan kekuatannya. Ketaatan menjadi respons, bukan lagi sebuah kewajiban.
Ini bukan berarti ketaatan bersifat opsional.
Melainkan bersifat relasional.
Hari ke-13 mengajak Anda untuk meneliti apa yang selama ini mendorong ketaatan Anda.
Jika ketaatan terasa berat, mungkin karena ketaatan tersebut didorong oleh usaha diri sendiri dan bukan oleh peran sebagai anak. Jika kegagalan menimbulkan rasa malu dan bukan keberhasilan, identitas mungkin masih berakar pada kinerja.
Tuhan tidak memotivasi ketaatan melalui ancaman.
Dia membentuknya melalui kasih.
Ketika identitas telah mapan, ketaatan menjadi lebih bebas. Kita tidak lagi berusaha untuk mendapatkan tempat—kita belajar bagaimana hidup dari tempat yang telah kita tempati.

Pemeriksaan Jantung
Renungkan pertanyaan-pertanyaan ini dengan tenang.

1. **Apa yang paling sering memotivasi ketaatan Anda—rasa takut, kewajiban, rasa syukur, atau rasa memiliki?**

2. **Bagaimana respons internal Anda ketika Anda gagal—apakah Anda mempertanyakan nilai diri Anda atau kembali berperilaku seperti anak kecil?**
3. **Apa yang akan berubah jika kepatuhan berasal dari identitas dan bukan dari kinerja?**

Praktik Hari Ini (Pembentukan Identitas)

Praktik hari ini adalah **menerima** ...

Carilah saat yang tenang dan ucapkan ini dengan perlahan dan lantang:

"Aku milik Tuhan."

Ulangi tiga kali.

Biarkan meresap lebih dalam setiap kali.

Jangan menambahkan penjelasan.

Terima saja.

Doa

Bapa,

terima kasih karena Engkau tidak memanggilku untuk mendapatkan kasih-Mu. Terima kasih karena aku milik-Mu. Sembuhkanlah bagian-bagian di mana aku taat karena takut atau karena harus berprestasi. Ajari aku ketaatan yang mengalir dari identitas—aman, dikasihi, dan bebas. Aku menerima tempatku sebagai anak-Mu. Amin.

Pernyataan

Ucapkan ini dengan lantang:

Aku adalah anak Allah.

Ketaatan mengalir dari rasa memiliki, bukan rasa takut. Aku tidak berusaha mencari persetujuan—aku hidup dari persetujuan itu. Identitasku terjamin di dalam Kristus. Aku taat sebagai orang yang dikasihi.

Komitmen terhadap Ketaatan

Hari ini, saya berkomitmen pada **ketaatan yang berakar pada identitas** .

Saya melepaskan iman yang berorientasi pada prestasi dan menerima tempat saya sebagai anak Allah. Saya memilih untuk hidup dan taat karena merasa menjadi bagian darinya.

Orientasi Penutup
Semoga hari ini berjalan dengan tenang.
Identitas terbentuk perlahan,
tetapi begitu terbentuk, ia akan menopang kepatuhan dengan sangat kuat.
Besok, kita akan mengeksplorasi **bagaimana kepatuhan membentuk kembali pemahaman kita tentang kebebasan—bukan sebagai kemerdekaan, tetapi sebagai keselarasan** .

HARI KEEMPAT BELAS

Kebebasan Melalui Penyelarasan

Mengapa Ketaatan Tidak Membatasi Anda

AYAT-AYAT ALKITAB YANG MENJADI FOKUS UTAMA

- **Yohanes 8:31-36** — *Kebenaran akan memerdekakan kamu.*
- **Roma 6:16-18** — *Kamu telah dibebaskan dari dosa dan menjadi hamba kebenaran.*
- **Mazmur 119:45** — *Aku akan berjalan-jalan dengan bebas, karena aku telah mencari perintah-perintah-Mu.*

Pembacaan Kitab Suci (Bacalah Perlahan)
"Jika Anak membebaskan kamu, kamu akan benar-benar bebas."
— Yohanes 8:36
Berhenti sejenak.
Perhatikan **siapa** yang mendefinisikan kebebasan.

Renungan
Budaya modern sering mendefinisikan kebebasan sebagai **pengarahan diri sendiri** .
Kita diberitahu bahwa kebebasan berarti tidak tunduk kepada siapa pun, mengikuti keinginan kita tanpa campur tangan, dan tidak terikat oleh otoritas. Namun, Kitab Suci menawarkan visi yang sangat berbeda. Kebebasan tidak ditemukan dalam kemandirian—melainkan dalam **keselarasan** .
Sebelum **CS Lewis** sepenuhnya memeluk Kekristenan, salah satu ketakutan terbesarnya adalah bahwa ketaatan akan membatasinya. Ia berasumsi bahwa penyerahan diri akan

mempersempit hidupnya, membatasi sukacitanya, dan membatasi identitasnya. Namun, yang ia temukan justru sebaliknya: pemerintahan sendiri tidak membebaskannya—melainkan memecah belahnya.

Ketidaksejajaran selalu menimbulkan ketegangan. Kehidupan yang terputus dari pusat sejatinya harus bekerja lebih keras untuk mempertahankan dirinya. Keinginan saling menarik ke arah yang bertentangan. Pilihan menciptakan konflik. Kemandirian menjanjikan kebebasan tetapi menghadirkan kegelisahan.

Yesus menyingkap ilusi ini secara langsung. Kebebasan, ajar-Nya, tidak datang dari menyingkirkan otoritas, tetapi dari tunduk kepada otoritas yang benar. Kebenaran tidak membatasi kita—melainkan membebaskan kita dari apa yang memperbudak.

Hari ke-14 mengajak Anda untuk merenungkan apa arti kebebasan dalam hidup Anda.

Ketika kepatuhan terasa membatasi, mungkin karena keselarasan belum dipercaya. Ketika kemandirian terasa membebaskan, mungkin karena biaya yang harus ditanggung belum diperhitungkan.

Kebebasan bukanlah ketiadaan batasan. Kebebasan adalah adanya tujuan.

Ketika ketaatan menyelaraskan kita dengan rancangan Tuhan, perlawanan memudar. Pilihan menjadi lebih jelas. Keinginan menjadi stabil. Kedamaian muncul—bukan karena usaha telah berhenti, tetapi karena hidup akhirnya diatur berdasarkan apa yang benar.

Inilah kebebasan yang dijanjikan Kitab Suci.
Bukan kebebasan untuk melakukan apa pun,
tetapi kebebasan untuk menjadi siapa diri Anda sebenarnya.

Pemeriksaan Jantung

Renungkan pertanyaan-pertanyaan ini dengan tenang.

1. **Bagaimana Anda biasanya mendefinisikan kebebasan dalam hidup Anda?**

2. **Di mana kemerdekaan justru membawa keresahan daripada kedamaian?**
3. **Apa yang mungkin dimungkinkan oleh keselarasan dengan kebenaran Tuhan yang tidak dapat dilakukan oleh pengarahan diri sendiri?**

Praktik Hari Ini (Membingkai Ulang Kebebasan)
Praktik saat ini adalah **pendefinisian ulang** .
Pilih **satu area** di mana kepatuhan terasa membatasi.
Ucapkan doa ini perlahan-lahan:
"Tuhan, tunjukkan padaku bagaimana keselarasan di sini mengarah pada kebebasan."
Jangan berdebat dengan perlawanan.
Cukup minta penglihatan.

Doa
Bapa,
aku mengaku bahwa aku sering menyamakan kebebasan dengan kendali. Ajari aku untuk mengenali kebebasan sebagai keselarasan dengan kebenaran. Bebaskan aku dari tekanan pengendalian diri dan bimbing aku menuju kedamaian ketaatan. Aku percaya pada rancangan-Mu untuk hidupku.
Amin.

Pernyataan
Ucapkan ini dengan lantang:
Kebebasan ditemukan dalam keselarasan dengan Tuhan.
Ketaatan tidak membatasi saya—melainkan memulihkan saya.
Saya berjalan dalam kebenaran, bukan kemandirian. Hidup saya diatur berdasarkan apa yang nyata. Saya benar-benar bebas.

Komitmen terhadap Ketaatan
Hari ini, saya berkomitmen untuk **mempercayai definisi kebebasan dari Tuhan** .
Saya melepaskan ilusi bahwa kemerdekaan membawa

kehidupan dan memilih keselarasan sebagai jalan menuju kedamaian.

Orientasi Penutup

Biarlah hari ini mengubah asumsi-asumsi yang ada.
Kebebasan tidak hilang dalam kepatuhan.
Kebebasan justru ditemukan di sana.
Besok, kita akan mengeksplorasi **bagaimana ketaatan membentuk kembali hubungan kita dengan waktu, kesabaran, dan penantian** .

HARI KELIMA BELAS

Belajar dengan Irama Tuhan

Mengapa Ketaatan Mengubah Cara Kita Menunggu

AYAT-AYAT ALKITAB YANG MENJADI FOKUS UTAMA

- **Pengkhotbah 3:1** — *Ada waktu untuk segala sesuatu…*
- **Yesaya 40:31** — *Orang-orang yang menantikan TUHAN akan memperbarui kekuatan mereka.*
- **Mazmur 27:14** — *Tunggu Tuhan; kuatkan hatimu dan beranikanlah hatimu.*

Pembacaan Kitab Suci (Bacalah Perlahan)
"Orang-orang yang menantikan Tuhan akan memperbarui kekuatan mereka."
— Yesaya 40:31
Berhenti sejenak.
Perhatikan bahwa menunggu bukanlah pasif—melainkan relasional.

Renungan
Salah satu penyesuaian tersulit yang dibutuhkan dalam pelatihan kepatuhan adalah perubahan **kecepatan** .
Kita terbiasa dengan urgensi. Kita menyamakan kesetiaan dengan kecepatan dan berasumsi bahwa ketaatan akan menghasilkan hasil yang terlihat dengan cepat. Ketika kemajuan terasa lambat, kita menjadi gelisah. Ketika jawaban tertunda, kita mempertanyakan keselarasan.
Kitab Suci menyajikan ritme yang berbeda.

Sebelum **CS Lewis** menghasilkan buah yang abadi melalui tulisan dan kesaksiannya, sebagian besar ketaatannya terungkap secara perlahan—melalui penantian, kesabaran, dan persiapan yang tak terlihat. Pembentukannya tidak mengikuti urgensi; melainkan mengikuti *waktu yang tepat* .
Menunggu dalam Kitab Suci bukanlah ketidakaktifan.
Itu adalah **kepercayaan yang penuh perhatian** .
Menantikan Tuhan bukanlah menghentikan hidup—melainkan tetap selaras sementara Tuhan bekerja di luar jangkauan penglihatan kita. Menunggu mengajarkan kita untuk melepaskan kendali atas hasil dan mempercayai tujuan Tuhan bahkan ketika kejelasan terungkap secara bertahap.
Hal ini sangat menantang bagi kita.
Kita menginginkan ketaatan untuk mempercepat kemajuan.
Tuhan menggunakan ketaatan untuk **menstabilkan** kita.
Hari ke-15 mengajak Anda untuk mempertimbangkan kembali ketidaksabaran—bukan sebagai ciri kepribadian, tetapi sebagai sikap spiritual. Di mana ketidaksabaran mendominasi, kepercayaan sering kali teruji. Di mana kesabaran tumbuh, ketaatan menjadi matang.
Menunggu memperlihatkan apa yang paling kita andalkan.
Jika kita bergantung pada hasil, menunggu akan membuat kita frustrasi.
Jika kita bergantung pada Tuhan, menunggu akan menguatkan kita.
Ketaatan membentuk kembali waktu dengan mengajarkan kita untuk tetap setia tanpa menuntut hal-hal yang segera terjadi. Ketaatan membentuk ketahanan—keyakinan yang tenang bahwa pekerjaan Tuhan tidak membutuhkan tekanan kita agar efektif.
Di sinilah kekuatan diperbarui.
Bukan melalui kecepatan,
tetapi melalui keselarasan yang stabil.

Pemeriksaan Jantung
Renungkan pertanyaan-pertanyaan ini dengan tenang.

1. **Di bagian mana dalam kehidupan spiritual Anda saat ini Anda merasa paling tidak sabar?**
2. **Bagaimana biasanya Anda bereaksi ketika waktu Tuhan berbeda dari harapan Anda?**
3. **Apa yang mungkin sedang Tuhan bentuk dalam diri Anda melalui penantian, sesuatu yang tidak dapat dihasilkan oleh kecepatan?**

Praktik Hari Ini (Penyelarasan Pasien)

Praktik saat ini adalah **kepercayaan yang tidak terburu-buru** .

Pilih **satu area** di mana Anda merasa tergoda untuk mempercepat kemajuan.

Ucapkan doa ini perlahan-lahan:

"Tuhan, aku percaya pada waktu-Mu."

Jangan membahas kembali masalah ini hari ini.

Biarkan saja.

Doa

Bapa,

ajari aku untuk menunggu tanpa menarik diri dan untuk percaya tanpa mengendalikan. Perbarui kekuatanku saat aku tetap selaras dengan-Mu. Bebaskan aku dari ketergesaan yang menguji imanku dan bentuk kesabaran yang memperdalam ketaatan. Aku beristirahat dalam waktu-Mu. Amin.

Pernyataan

Ucapkan ini dengan lantang:

Aku percaya pada waktu Tuhan dalam hidupku. Menunggu tidak melemahkan ketaatanku—malah memperkuatnya. Aku tetap selaras tanpa terburu-buru menginginkan hasil. Tuhan bekerja di luar apa yang dapat kulihat. Kekuatanku diperbarui saat aku menantikan Tuhan.

Komitmen terhadap Ketaatan
Hari ini, saya berkomitmen pada **ketaatan yang sabar** . Saya melepaskan kebutuhan untuk mempercepat pekerjaan Tuhan dan memilih keselarasan yang mantap daripada ketergesaan.

Orientasi Penutup
Biarkan hari ini memperlambatmu.
Menunggu bukanlah penundaan.
Itu adalah pembentukan.
Besok, kita akan mengeksplorasi **bagaimana ketaatan membentuk kembali cara kita menangani kekuasaan, pengaruh, dan tanggung jawab** .

HARI KEENAM BELAS

Kekuasaan Ditata Ulang Melalui Ketaatan

Mengapa Pengaruh Terbentuk Sebelum Dipercayakan

AYAT-AYAT ALKITAB YANG MENJADI FOKUS UTAMA

- **Lukas 22:25-27** — *Hendaklah orang terbesar di antara kamu seperti orang termuda…*
- **Matius 20:26-28** — *Barangsiapa ingin menjadi besar di antara kamu, hendaklah ia menjadi pelayanmu.*
- **1 Petrus 5:2-3** — *Jangan memerintah atas orang-orang yang dipercayakan kepadamu, tetapi jadilah teladan…*

Pembacaan Kitab Suci (Bacalah Perlahan)

"Aku berada di antara kamu sebagai seorang yang melayani."
— Lukas 22:27
Perhatikan bagaimana Yesus mendefinisikan otoritas.

Renungan
Sedikit hal yang menguji kepatuhan seperti **pengaruh** .
Kuasa memperkuat apa yang sudah ada di dalam hati. Jika ketaatan belum membentuk kembali motif kita, pengaruh akan mengungkapkannya. Kitab Suci secara konsisten mengungkapkan bahwa Tuhan tidak terlebih dahulu bertanya *apa* yang dapat kita lakukan—Ia membentuk *siapa* kita sebelum mempercayakan tanggung jawab.
Sebelum **CS Lewis** memiliki pengaruh publik, ketaatannya telah diatur ulang berdasarkan kerendahan hati. Ketika pengakuan datang, hal itu tidak mendefinisikannya karena ketaatan telah menjadi landasannya. Otoritasnya mengalir dari pelayanan, bukan dari keangkuhan.
Ini adalah sesuatu yang melawan arus budaya.
Kita sering mengejar pengaruh sebagai bentuk pengakuan. Kita berasumsi bahwa tanggung jawab menegaskan kedewasaan. Namun, Kitab Suci membalikkan urutan tersebut: kedewasaan mendahului tanggung jawab. Ketaatan membentuk kembali pemahaman kita tentang kekuasaan dengan mengajarkan kita untuk memegangnya dengan ringan dan mengelolanya dengan setia.
Kekuasaan tanpa ketaatan menjadi kendali.
Kekuasaan yang dibentuk oleh ketaatan menjadi kepedulian.
Hari ke-16 mengajak Anda untuk memeriksa bagaimana Anda berhubungan dengan pengaruh—baik besar maupun kecil.
Kepemimpinan dalam Kitab Suci bukanlah tentang posisi; melainkan tentang sikap. Otoritas bukanlah tentang diperhatikan; melainkan tentang dapat dipercaya.
Ketaatan melatih kita untuk memimpin tanpa serakah, untuk melayani tanpa mengharapkan imbalan, dan untuk memikul tanggung jawab tanpa merasa berhak. Ketaatan menghilangkan kebutuhan untuk dilihat dan menggantinya dengan keinginan untuk setia.

Inilah cara Tuhan melindungi kita dan orang-orang yang kita layani.

Pemeriksaan Jantung

Renungkan pertanyaan-pertanyaan ini dengan tenang.

1. **Bagaimana biasanya Anda menanggapi tanggung jawab atau pengaruh?**
2. **Motivasi apa yang muncul ketika Anda diberi wewenang—kontrol, rasa takut, pelayanan, atau kerendahan hati?**
3. **Di bagian mana Tuhan mungkin membentuk karakter Anda sebelum memperluas pengaruh Anda?**

Praktik Hari Ini (Penyelarasan Pelayan)

Praktik hari ini adalah **pelayanan yang tenang** .
Pilihlah **satu tanggung jawab** yang Anda emban—di tempat kerja, rumah, gereja, atau komunitas.
Wujudkan itu hari ini **tanpa perlu mengendalikan atau mencari pengakuan** .
Layani dengan penuh perhatian.
Lepaskan kebutuhan untuk diperhatikan.

Doa

Bapa,
ajari aku untuk memikul tanggung jawab dengan kerendahan hati. Bentuklah hatiku sebelum memperluas pengaruhku. Jagalah aku dari menggunakan kekuasaan untuk mengendalikan dan bentuklah aku untuk melayani dengan setia. Aku percaya kepada -Mu untuk mempercayakan apa yang siap aku kelola.
Amin.

Pernyataan

Ucapkan ini dengan lantang:

Tuhan membentuk karakter saya sebelum saya memengaruhinya.
Saya memimpin melalui pelayanan, bukan kontrol. Ketaatan membentuk kembali cara saya memikul tanggung jawab. Saya mengelola wewenang dengan kerendahan hati dan kepedulian. Saya melayani seperti Kristus melayani.

Komitmen terhadap Ketaatan
Hari ini, saya berkomitmen untuk **menjalankan tugas dengan taat** .
Saya melepaskan kebutuhan akan pengakuan dan memilih kesetiaan dalam bertanggung jawab.

Orientasi Penutup
Semoga hari ini menenangkanmu.
Pengaruh tumbuh paling aman
ketika kepatuhan menjadi panduan utama.
Besok, kita akan mengeksplorasi **bagaimana ketaatan membentuk kembali hubungan kita dengan kebenaran—bukan sebagai informasi, tetapi sebagai pembentukan** .

HARI KETUJUH BELAS

Ketika Kebenaran Menuntut Ketaatan

Mengapa Mengetahui Tidak Sama Dengan Dibentuk

AYAT-AYAT ALKITAB YANG MENJADI FOKUS UTAMA

- **Yohanes 17:17** — *Kuduskanlah mereka dengan kebenaran; firman-Mu adalah kebenaran.*
- **Yakobus 1:22-25** — *Jangan hanya mendengarkan firman, dan dengan demikian menipu diri sendiri.*
- **2 Timotius 3:16-17** — *Seluruh Kitab Suci diilhami Allah dan bermanfaat…*

Pembacaan Kitab Suci (Bacalah Perlahan)
"Jangan hanya mendengarkan firman, dan dengan demikian menipu diri sendiri.
Lakukanlah apa yang dikatakan firman itu."
— Yakobus 1:22
Berhenti sejenak.
Perhatikan bahwa penipuan diri sendiri bukan berasal dari ketidaktahuan—tetapi dari jarak antara mengetahui dan melakukan.

Renungan
Salah satu hambatan paling halus terhadap ketaatan adalah **keakraban dengan kebenaran** .
Kita hidup di zaman yang dipenuhi informasi. Khotbah mudah diakses. Kitab Suci dapat dicari. Wawasan berlimpah. Namun Kitab Suci memperingatkan bahwa mengetahui

kebenaran tanpa ketaatan dapat menipu kita sehingga kita berpikir bahwa pembentukan karakter sedang terjadi padahal sebenarnya tidak.

Kebenaran, dalam Kitab Suci, tidak pernah netral.

Hal itu bisa membentuk kita—atau justru mengungkap kelemahan kita.

Sebelum **CS Lewis** dikenal karena menjelaskan Kekristenan dengan jelas, ia bergumul dengan godaan berbahaya: memperlakukan kebenaran sebagai sesuatu untuk dianalisis daripada sesuatu untuk ditaati. Ketelitian intelektualnya bisa saja menjadi tempat berlindung dari penyerahan diri.

Sebaliknya, kebenaranlah yang menghadapinya.

Inilah mengapa Kekristenan Semata tetap meresahkan.

Hal itu tidak memungkinkan pembaca untuk tetap menjadi pengamat. Ia menegaskan bahwa kebenaran menuntut kehendak, bukan hanya pikiran. Lewis memahami bahwa Kekristenan tidak meminta kita untuk *setuju* —melainkan meminta kita untuk *tunduk* .

Kita sering berasumsi bahwa kebenaran akan secara otomatis mengubah kita begitu dipahami. Kitab Suci tidak setuju. Transformasi membutuhkan respons. Kebenaran harus diterima, dipraktikkan, dan diwujudkan agar dapat bekerja.

Hari ke-17 mengajak Anda untuk meneliti bagaimana kebenaran berfungsi dalam hidup Anda.

Di mana kebenaran dikagumi tetapi tidak dipraktikkan, pembentukan akan terhenti.

Di mana kebenaran ditaati, meskipun tidak sempurna, pembentukan akan semakin mendalam.

Ketaatan bukanlah tambahan bagi kebenaran. Ketaatan adalah tujuan akhir dari kebenaran.

Tuhan tidak mengungkapkan kebenaran untuk membuat kita terkesan.

Dia mengungkapkannya untuk membentuk kita kembali.

Pemeriksaan Jantung

Renungkan pertanyaan-pertanyaan ini dengan tenang.

1. **Di bagian mana kebenaran menjadi sesuatu yang familiar tetapi tidak membentuk hidup Anda?**
2. **Kebenaran apa yang Anda pahami dengan jelas tetapi sulit untuk Anda patuhi secara konsisten?**
3. **Bagaimana ketaatan dapat memperdalam hubungan Anda dengan kebenaran, alih-alih membatasinya?**

Praktik Hari Ini (Kebenaran dalam Tindakan)
Praktik hari ini adalah **perwujudan kebenaran** .
Sebutkan **satu kebenaran** yang sudah Anda ketahui dengan baik—tentang pengampunan, kerendahan hati, kesabaran, kejujuran, atau cinta.
Lakukan praktikkan **sekali hari ini secara konkret** .
Biarkan kebenaran beralih dari konsep ke tindakan.

Doa
Bapa,
bebaskan aku dari mengetahui kebenaran tanpa menghidupinya. Biarlah Firman-Mu membentuk pilihan-pilihanku, bukan hanya pikiranku. Ajarkan aku untuk menerima kebenaran sebagai kekuatan yang membentuk, bukan sekadar gagasan untuk dikagumi. Aku menyerahkan diriku kepada apa yang Engkau nyatakan. Amin.

Pernyataan
Ucapkan ini dengan lantang:
Kebenaran Tuhan membentuk hidupku.
Aku tidak hanya mendengar—aku taat. Kebenaran membentuk kembali tindakan dan keinginanku. Aku menyerahkan kehendakku kepada apa yang dinyatakan. Aku sedang disucikan oleh kebenaran.

Komitmen terhadap Ketaatan
Hari ini, saya berkomitmen pada **ketaatan yang didasari kebenaran** .

Saya tidak akan memisahkan pemahaman dari tindakan. Saya memilih untuk menjalani apa yang saya ketahui.

Orientasi Penutup

Kebenaran tidak akan lengkap sampai dihayati.
Besok, kita akan mengeksplorasi **bagaimana ketaatan membentuk kembali hubungan kita dengan penderitaan—bukan sebagai hukuman, tetapi sebagai partisipasi** .

HARI KEDELAPAN BELAS

Ketika Ketaatan Bertemu Penderitaan

Mengapa Rasa Sakit Dapat Menjadi Alur Partisipasi

AYAT-AYAT ALKITAB YANG MENJADI FOKUS UTAMA

- **1 Petrus 4:12-13** — *Bersukacitalah karena kamu turut merasakan penderitaan Kristus...*
- **Roma 8:17-18** — *Kita turut merasakan penderitaan-Nya, supaya kita juga turut merasakan kemuliaan-Nya.*
- **2 Korintus 4:16-17** — *Penderitaan ringan dan sementara ini menghasilkan bagi kita kemuliaan yang kekal...*

Pembacaan Kitab Suci (Bacalah Perlahan)
"Jangan heran akan ujian berat yang menimpa kamu."
— 1 Petrus 4:12
Perhatikan kata **partisipasi** , bukan hukuman.

Renungan
Sedikit hal yang dapat menggoyahkan ketaatan seperti penderitaan.
Ketika rasa sakit memasuki hidup kita, secara naluriah kita bertanya *mengapa* . Kita mencari penjelasan, penyebab, atau kesalahan. Kita berasumsi bahwa penderitaan pasti berarti ada sesuatu yang salah—baik pada diri kita sendiri maupun pada Tuhan. Kitab Suci menawarkan kebenaran yang lebih menenangkan dan penuh harapan: penderitaan tidak selalu merupakan penyimpangan dari ketaatan; terkadang penderitaan adalah **medan** yang harus dilalui oleh ketaatan.

Sebelum **CS Lewis** berbicara secara terbuka tentang penderitaan Kristen, ia mengalaminya sendiri. Ia tidak meromantisasi rasa sakit atau meremehkan dampaknya. Lewis mengakui penderitaan sebagai salah satu tantangan terdalam bagi iman—namun, ia kemudian melihatnya sebagai tempat di mana ketaatan menjadi sangat nyata.
Penderitaan mengungkapkan apa yang menjadi dasar ketaatan.
Jika ketaatan bersifat transaksional, penderitaan terasa tidak adil.
Jika ketaatan bersifat relasional, penderitaan menjadi tempat kepercayaan.
Kitab Suci tidak menjanjikan pembebasan dari rasa sakit.
Kitab Suci menjanjikan kehadiran di tengah penderitaan itu.
Berbagi dalam penderitaan Kristus bukanlah mencari rasa sakit, melainkan tetap selaras dengan Tuhan bahkan ketika ketaatan membawa kita melalui kehilangan, kesalahpahaman, atau ketahanan.
Ini mengubah sudut pandang terhadap penderitaan secara keseluruhan.
Penderitaan bukanlah bukti pengabaian.
Seringkali, penderitaan justru merupakan bukti kedekatan.
Hari ke-18 mengajak Anda untuk mempertimbangkan bagaimana Anda merespons ketika ketaatan menjadi sesuatu yang mahal. Apakah Anda mundur? Apakah Anda bernegosiasi? Atau apakah Anda tetap hadir, percaya bahwa Tuhan sedang bekerja bahkan ketika kejelasan tidak ada?
Penderitaan melucuti kepatuhan dari ilusi. Ia menghilangkan penampilan dan mengungkap motif. Yang tersisa hanyalah kebencian—atau penyerahan diri.
Kristus memilih ketaatan bahkan sampai menderita, bukan karena rasa sakit itu baik, tetapi karena kasih lebih besar. Dan dalam mengikuti Dia, kita diundang untuk memiliki sikap yang sama—bukan sebagai korban, tetapi sebagai peserta.

Pemeriksaan Jantung

Renungkan pertanyaan-pertanyaan ini dengan tenang.

1. **Bagaimana biasanya Anda menafsirkan penderitaan dalam kehidupan spiritual Anda?**
2. **Di mana rasa sakit telah menguji kepercayaan atau ketaatan Anda baru-baru ini?**
3. **Apa artinya tetap selaras dengan Tuhan bahkan tanpa jawaban?**

Latihan Hari Ini (Kehadiran dalam Rasa Sakit)
Latihan hari ini adalah **tetap fokus pada saat ini** .
Identifikasi **satu area ketidaknyamanan, kesedihan, atau kesulitan** yang biasanya Anda hindari atau lewati dengan tergesa-gesa.
Jangan selesaikan hari ini.
Jangan mengaitkannya dengan hal-hal spiritual.
Cukup berdoa:
"Tuhan, aku tetap bersama-Mu di sini."
Luangkan beberapa saat untuk menikmati ketenangan.

Doa
Bapa,
aku tidak memahami semua penderitaanku, tetapi aku percaya bahwa Engkau hadir di dalamnya. Ajari aku ketaatan yang tidak mundur ketika rasa sakit muncul. Bantulah aku tetap selaras dengan-Mu bahkan ketika kejelasan tertunda. Aku berbagi kelemahanku dengan-Mu. Amin.

Pernyataan
Ucapkan ini dengan lantang:
Penderitaan tidak memisahkan saya dari Tuhan.
Saya tetap selaras bahkan dalam kesulitan. Ketaatan tetap teguh di tengah rasa sakit. Saya berpartisipasi dalam kehidupan Kristus dan mempercayai pekerjaan-Nya. Tuhan hadir bersama saya di sini.

Komitmen terhadap Ketaatan
Hari ini, saya berkomitmen pada **ketaatan yang tetap ada** . Saya tidak akan meninggalkan keselarasan ketika penderitaan menantang pemahaman saya. Saya percaya pada kehadiran Tuhan di setiap musim.

Orientasi Penutup
Jangan terburu-buru melewati hari ini.
Penderitaan membentuk kedalaman
yang tidak dapat diberikan oleh kenyamanan.
Besok, kita akan mengeksplorasi **bagaimana ketaatan membentuk kembali pemahaman kita tentang harapan—bukan sebagai optimisme, tetapi sebagai ketahanan** .

HARI KESEMBILAN BELAS

Harapan yang Abadi

Mengapa Harapan Kristen Lebih Kuat daripada Optimisme

AYAT-AYAT ALKITAB YANG MENJADI FOKUS UTAMA

- **Roma 5:3-5** — *Penderitaan menghasilkan ketekunan; ketekunan menghasilkan karakter; dan karakter menghasilkan pengharapan.*
- **Ibrani 6:19** — *Kita mempunyai pengharapan ini sebagai tengkurap jiwa, teguh dan aman.*
- **Ratapan 3:31-33** — *Sekalipun Ia mendatangkan kesedihan, Ia akan menunjukkan belas kasihan…*

Pembacaan Kitab Suci (Bacalah Perlahan)
"Kita mempunyai pengharapan ini sebagai tengkurap jiwa, teguh dan aman."
— Ibrani 6:19
Perhatikan apa yang dilakukan harapan.
Harapan menjadi jangkar—bukan sekadar mengambang.

Renungan
Harapan sering disalahpahami.
Kita sering kali menyamakan harapan dengan sikap positif, dengan mengharapkan keadaan akan membaik, dengan percaya bahwa situasi akan berakhir dengan baik. Kitab Suci menawarkan visi yang lebih tangguh. Harapan Kristen tidak terikat pada hasil akhir—harapan itu berakar pada **kesetiaan Tuhan** , terlepas dari hasilnya.
Perbedaan ini sangat penting.

Optimisme naik dan turun seiring dengan keadaan.
Harapan tetap ada ketika keadaan tidak berubah.
Sebelum **CS Lewis** menulis tentang harapan dengan jelas, ia telah mempelajari harga yang harus dibayarnya. Lewis tidak menyangkal penderitaan atau meremehkan kesedihan. Ia menolak jaminan yang dangkal. Yang ia percayai justru adalah harapan yang berakar bukan pada kenyamanan, tetapi pada kebenaran—harapan yang mampu bertahan menghadapi kekecewaan tanpa runtuh.
Harapan, dalam Kitab Suci, ditempa.
Ia terbentuk melalui ketekunan.
Ia diperkuat melalui daya tahan. Ia matang melalui penantian.
Hari ke-19 mengajak Anda untuk meneliti apa yang selama ini menjadi sandaran harapan Anda.
Jika harapan bergantung pada pertolongan, maka harapan itu akan goyah.
Jika harapan bergantung pada karakter Tuhan, maka harapan itu akan teguh.
Ini bukan berarti berpura-pura bahwa penderitaan tidak ada. Harapan alkitabiah menghadapi penderitaan dan menolak membiarkannya mendefinisikan realitas. Harapan itu menambatkan jiwa pada sesuatu yang lebih dalam daripada pengalaman—sesuatu yang tidak berubah.
Ketaatan dan harapan tumbuh bersama.
Sebagaimana ketaatan melatih kita untuk tetap selaras tanpa imbalan langsung, harapan belajar untuk beristirahat tanpa penyelesaian langsung. Bersama-sama, keduanya membentuk ketahanan—kekuatan yang tenang untuk terus setia bahkan ketika kejelasan tertunda.
Ini bukanlah harapan pasif.
Ini adalah kepercayaan yang teguh.

Pemeriksaan Jantung

Renungkan pertanyaan-pertanyaan ini dengan tenang.

1. **Apa yang menjadi tumpuan harapan Anda paling kuat—hasil akhir atau karakter Tuhan?**

2. **Bagaimana Anda merespons secara internal ketika keadaan tidak membaik seperti yang diharapkan?**
3. **Apa artinya menambatkan harapan Anda di suatu tempat yang lebih dalam daripada keadaan?**

Latihan Hari Ini (Membangun Harapan)
Praktik hari ini adalah **mengenang dengan penuh makna** . Tuliskan atau ingatlah dalam hati **satu kebenaran tentang Tuhan** yang tetap tidak berubah terlepas dari situasi Anda (kesetiaan-Nya, kehadiran-Nya, belas kasih-Nya, kedaulatan-Nya).
Ulangi gerakan ini perlahan sepanjang hari.
Biarkan harapan itu tetap di sana.

Doa
Bapa,
ajari aku pengharapan yang kekal, bukan pengharapan yang bergantung pada pertolongan. Teguhkan jiwaku dalam karakter-Mu ketika keadaan tetap tidak terselesaikan. Bantulah aku untuk tetap percaya kepada-Mu ,
bahkan ketika hasilnya tidak jelas. Engkau adalah landasan kokohku. Amin.

Pernyataan
Ucapkan ini dengan lantang:
Harapanku berlandaskan pada Tuhan.
Keadaan tidak menentukan imanku. Aku bertahan dengan keyakinan akan kebenaran. Kesetiaan Tuhan tetap tak tergoyahkan. Jiwaku teguh dan aman.

Komitmen terhadap Ketaatan

Hari ini, saya berkomitmen untuk **memiliki harapan yang teguh** .
Saya tidak akan mengukur kesetiaan Tuhan berdasarkan hasil yang langsung terlihat. Saya percaya pada karakter-Nya dan tetap selaras dengan-Nya.

Orientasi Penutup
Harapan tumbuh dengan tenang.
Hal itu tidak terburu-buru dalam mengambil keputusan—melainkan menenangkan jiwa.
Besok, kita akan mengeksplorasi **bagaimana ketaatan membentuk kembali pemahaman kita tentang cinta—bukan sebagai emosi, tetapi sebagai komitmen yang disiplin** .

HARI KEDUA PULUH

Cinta yang Belajar untuk Bertahan

Mengapa Ketaatan Melatih Hati untuk Mencintai dengan Baik

AYAT-AYAT ALKITAB YANG MENJADI FOKUS UTAMA

- **Yohanes 14:15** — *Jika kamu mengasihi Aku, kamu akan menuruti perintah-perintah-Ku.*
- **1 Korintus 13:4-7** — *Kasih itu sabar, kasih itu baik hati…*
- **1 Yohanes 5:3** — *Inilah kasih kepada Allah: menaati perintah-perintah-Nya.*

Pembacaan Kitab Suci (Bacalah Perlahan)
"Inilah kasih kepada Allah: menaati perintah-perintah-Nya. Dan perintah-perintah-Nya tidaklah berat."
— 1 Yohanes 5:3
Berhenti sejenak.
Perhatikan bagaimana Kitab Suci mendefinisikan kasih.

Renungan
Budaya modern memperlakukan cinta sebagai emosi—sesuatu yang dirasakan, diikuti, dan ditarik kembali ketika memudar.
Kitab Suci memperlakukan kasih sebagai sebuah **komitmen** —sesuatu yang dipraktikkan, dipelihara, dan dibuktikan melalui kesetiaan. Perbedaan ini sangat penting. Ketika kasih direduksi menjadi perasaan semata, ia menjadi tidak stabil. Ketika kasih dibentuk melalui ketaatan, ia menjadi tangguh.

Sebelum **CS Lewis** menulis tentang kasih Kristen dengan jelas, ia belajar bahwa kasih harus dilatih. Kasih sayang berfluktuasi. Keinginan berubah. Emosi naik dan turun. Ketaatan mengajarkan kasih untuk tetap bertahan ketika perasaan saja tidak mampu menanggungnya.

Inilah mengapa Kitab Suci mengaitkan kasih dengan ketaatan secara begitu erat.

Cinta bukan hanya diungkapkan—tetapi juga diwujudkan.

Cinta sabar saat kesal. Baik hati saat merepotkan. Setia saat tak terlihat.

Hari ke-20 mengajak Anda untuk meneliti bagaimana Anda memahami cinta.

Jika cinta bergantung pada emosi, kepatuhan terasa opsional.

Jika cinta adalah komitmen, kepatuhan menjadi hal yang alami.

Kasih Kristen bukanlah kasih yang dingin atau mekanis. Itu adalah kehangatan yang terdisiplin—terbentuk melalui pilihan berulang untuk tetap selaras dengan Tuhan dan setia kepada sesama, bahkan ketika perasaan tertinggal di belakang niat.

Cinta semacam ini tumbuh perlahan.

Ketaatan melatih kita untuk bertindak penuh kasih sebelum kita merasakan kasih sayang. Seiring waktu, perasaan akan mengikuti pembentukan karakter. Hati belajar mencintai apa yang secara konsisten dipilih oleh kehendak.

Beginilah cara cinta menjadi matang.

Bukan berdasarkan intensitas,
tetapi berdasarkan daya tahan.

Pemeriksaan Jantung

Renungkan pertanyaan-pertanyaan ini dengan tenang.

1. **Bagaimana Anda biasanya mendefinisikan cinta—emosi atau komitmen?**
2. **Di bagian mana ketaatan telah menantang pemahaman Anda tentang cinta?**
3. **Hubungan atau tanggung jawab apa yang membutuhkan cinta yang disiplin saat ini?**

Latihan Hari Ini (Cinta yang Setia)
Praktik hari ini adalah **kesetiaan yang disengaja** .
Pilihlah **satu hubungan atau tanggung jawab** di mana cinta terasa biasa saja, tegang, atau tidak diperhatikan.
Ungkapkan cinta hari ini melalui **tindakan** , bukan perasaan:

- Kata-kata yang baik
- Respons pasien
- Tindak lanjut yang setia

Jangan menunggu untuk merasakan kasih sayang.
Pilihlah untuk menjadi penyayang.

Doa
Bapa,
ajari aku kasih yang kekal, bukan kasih yang bergantung pada emosi. Bentuklah hatiku melalui kesetiaan yang taat sehingga kasih menjadi teguh dan sejati. Bantulah aku tetap berkomitmen ketika perasaan berfluktuasi. Aku memilih kasih yang dibentuk oleh ketaatan. Amin.

Pernyataan
Ucapkan ini dengan lantang:
Cinta terbentuk melalui ketaatan.
Aku mencintai dengan komitmen, bukan impulsif. Perintah Tuhan melatih hatiku untuk mencintai dengan baik. Aku tetap setia bahkan ketika perasaan memudar. Cintaku tumbuh lebih kuat melalui keselarasan.

Komitmen terhadap Ketaatan
Hari ini, saya berkomitmen pada **kasih yang disiplin** .
Saya memilih kesetiaan daripada perubahan dan ketaatan daripada emosi.

Orientasi Penutup
Anda telah mencapai titik penting dalam perjalanan ini.
Mulai dari sini, ketaatan beralih
dari pembentukan menjadi **misi** .

Besok, kita akan mengeksplorasi **bagaimana ketaatan membentuk kembali tujuan hidup kita—bukan sebagai pemenuhan diri, tetapi sebagai panggilan yang setia** .

HARI KEDUA PULUH SATU

Tujuan Terbentuk Melalui Ketaatan

Mengapa Panggilan Hidup Ditemukan Melalui Kesetiaan

AYAT-AYAT ALKITAB YANG MENJADI FOKUS UTAMA

- **Efesus 2:10** — *Diciptakan dalam Kristus Yesus untuk melakukan perbuatan baik…*
- **Lukas 16:10-12** — *Setia dalam hal kecil, setia dalam hal besar.*
- **1 Korintus 7:17** — *Hendaklah setiap orang hidup sesuai dengan apa yang telah Tuhan tetapkan…*

Pembacaan Kitab Suci (Bacalah Perlahan)
"Kita adalah hasil karya Allah,
diciptakan dalam Kristus Yesus untuk melakukan perbuatan baik,
yang telah dipersiapkan Allah sebelumnya untuk kita lakukan."
— Efesus 2:10
Berhenti sejenak.
Perhatikan bahwa tujuan tersebut **telah dipersiapkan** , bukan diimprovisasi.

Renungan
Tujuan hidup sering dianggap sebagai sesuatu yang ditemukan secara tiba-tiba—melalui kejelasan, gairah, atau kesempatan. Kitab Suci menyajikan realitas yang lebih tenang: tujuan diungkapkan **melalui kesetiaan** . Panggilan biasanya tidak datang sebagai pengumuman dramatis. Panggilan terungkap

sebagai ketaatan yang dipraktikkan secara konsisten di tempat-tempat biasa.

Sebelum **CS Lewis** memahami jangkauan yang akan dimiliki karyanya, ketaatannya terfokus pada apa yang ada di hadapannya—mengajar, menulis dengan setia, dan menyampaikan kebenaran dengan cermat. Tujuan mengikuti kesetiaan, bukan mendahuluinya.

Ini penting .

Ketika kita mengejar tujuan tanpa ketaatan, kita sering kali mengejar popularitas. Kita mencari peran daripada kesiapan, platform daripada sikap. Kitab Suci mengarahkan kita kembali: Tuhan mempercayakan tanggung jawab yang lebih besar kepada mereka yang setia di tempat mereka berada.

Tujuan tidak ditemukan dengan bertanya, *"Apa yang seharusnya saya lakukan?"*

Melainkan dibentuk dengan bertanya, *"Bagaimana saya bisa setia di sini?"*

Hari ke-21 mengajak Anda untuk melepaskan tekanan.

Anda tidak membutuhkan kejelasan penuh untuk menjadi taat.

Anda membutuhkan kemauan di tempat Anda berada.

Panggilan bukanlah penyimpangan dari ketaatan; melainkan ketaatan yang diperluas dari waktu ke waktu. Kesetiaan dalam hal-hal kecil melatih hati untuk menjalankan hal-hal yang lebih besar tanpa penyimpangan.

Tujuan Tuhan tidaklah rapuh.

Tujuan-tujuan itu tidak mengharuskan Anda untuk terburu-buru mendahului pembentukan diri.

Mereka muncul secara alami di tempat di mana kepatuhan tetap stabil.

Pemeriksaan Jantung

Renungkan pertanyaan-pertanyaan ini dengan tenang.

1. **Kapan Anda pernah tergoda untuk mengejar tujuan daripada mempraktikkan kesetiaan?**
2. **Apa saja tanggung jawab yang sudah ada di hadapan Anda saat ini?**

3. **Bagaimana ketaatan di sini dapat membentuk panggilan di masa depan?**

Latihan Hari Ini (Kehadiran yang Setia)
Praktik hari ini adalah **kesetiaan yang penuh perhatian** .
Identifikasi **satu tanggung jawab atau kesempatan** yang sudah dipercayakan kepada Anda—pekerjaan, keluarga, pelayanan, studi, atau perawatan.
Berikan **perhatian penuh Anda hari ini** .
Jangan terburu-buru.
Jangan meremehkannya.
Anggap saja itu sebagai tujuan dalam pembentukan.

Doa
Bapa,
ajari aku untuk percaya bahwa Engkau mengungkapkan tujuan melalui ketaatan. Bebaskan aku dari kecemasan tentang masa depan dan teguhkan aku dalam kesetiaan hari ini. Bantulah aku melayani dengan baik di tempatku berada dan percayakan kepada-Mu apa yang akan datang. Aku mempersembahkan kepada-Mu ketaatanku saat ini. Amin.

Pernyataan
Ucapkan ini dengan lantang:
Tujuan Tuhan terungkap melalui ketaatanku.
Aku setia di tempatku berada. Tindakan ketaatan kecil membentuk panggilan yang abadi. Aku mempercayakan masa depanku kepada Tuhan dan menyelaraskan diri hari ini. Hidupku sedang dibentuk untuk melakukan pekerjaan baik.

Komitmen terhadap Ketaatan
Hari ini, saya berkomitmen untuk **hadir dengan setia** .
Saya melepaskan kebutuhan akan kejelasan yang prematur dan memilih ketaatan pada apa yang telah dipercayakan kepada saya.

Orientasi Penutup
Tujuan tumbuh secara perlahan.
Kesetiaan membuka jalan.
Besok, kita akan mengeksplorasi **bagaimana ketaatan membentuk kembali ambisi—bukan dengan menghilangkannya, tetapi dengan memurnikannya** .

HARI KEDUA PULUH DUA

Ambisi Ditata Ulang

Ketika Ketaatan Memurnikan Apa yang Mendorongmu

AYAT-AYAT ALKITAB YANG MENJADI FOKUS UTAMA

- **Matius 6:33** — *Carilah dahulu Kerajaan Allah…*
- **Yakobus 3:13-17** — *Hikmat dari atas itu murni, damai, dan lembut…*
- **Filipi 2:3-5** — *Janganlah berbuat apa pun karena kepentingan diri sendiri…*

Pembacaan Kitab Suci (Bacalah Perlahan)
"Janganlah melakukan apa pun karena ambisi yang mementingkan diri sendiri atau kesombongan yang sia-sia.
Sebaliknya, dengan rendah hati hargailah orang lain lebih daripada dirimu sendiri."
— Filipi 2:3
Berhenti sejenak.
Perhatikan bahwa Kitab Suci tidak menghapus ambisi—melainkan **membatasinya** .

Renungan
Ambisi bukanlah musuh dari ketaatan.
Ambisi yang tidak direnungkan adalah...
Banyak orang percaya berasumsi bahwa mengikuti Kristus berarti meninggalkan keinginan, dorongan, atau cita-cita.
Kitab Suci menawarkan jalan yang lebih bijaksana. Tuhan tidak menghilangkan ambisi—Ia **menatanya kembali** .

Sebelum **CS Lewis** belajar mengelola pengaruh dengan setia, ambisi harus dimurnikan. Keinginan untuk selalu benar, didengar, dan diakui—dorongan-dorongan ini tidak dihapus oleh iman. Namun, dorongan-dorongan itu dimurnikan. Ketaatan mengarahkan kembali tujuan ambisi *tersebut* .
Ambisi menjawab pertanyaan: *Ke mana saya bergerak?*
Ketika ambisi berpusat pada diri sendiri, ketaatan terasa membatasi.
Ketika ambisi berpusat pada Tuhan, ketaatan menjadi lebih jelas.
Kitab Suci membedakan antara ambisi egois dan aspirasi kudus. Yang satu mencari pengakuan; yang lain mencari kesetiaan. Yang satu mengejar popularitas; yang lain mengejar keselarasan. Yang satu meninggikan diri sendiri; yang lain memajukan tujuan Allah.
Hari ke-22 mengajak Anda untuk meneliti apa yang memotivasi Anda di balik permukaan.
Ambisi yang tak terkendali akan menjadi perbandingan.
Ambisi yang dimurnikan akan menjadi pengabdian.
Ketaatan tidak memadamkan keinginan. Ketaatan memberikan pusat baru bagi keinginan. Ketaatan mengajarkan kita untuk mencari Kerajaan Allah terlebih dahulu—bukan sebagai ide abstrak, tetapi sebagai prioritas yang dihayati yang membentuk kembali tujuan, pilihan, dan harapan.
Ketika ambisi selaras, perjuangan memberi jalan kepada ketenangan. Kita tidak lagi didorong oleh kecemasan untuk membuktikan diri. Kita digerakkan oleh kepercayaan untuk melayani dengan setia.
Inilah ambisi yang telah disembuhkan.

Pemeriksaan Jantung

Renungkan pertanyaan-pertanyaan ini dengan tenang.

1. **Ambisi apa yang saat ini memotivasi keputusan Anda?**

2. **Di mana keinginan untuk mendapatkan pengakuan atau kesuksesan mungkin memengaruhi ketaatan Anda?**
3. **Seperti apa jadinya jika Anda mengutamakan Kerajaan Allah dalam aspirasi Anda?**

Latihan Hari Ini (Niat yang Dimurnikan)
Praktik saat ini adalah **penyelarasan yang disengaja** .
Pilih **satu tujuan atau ambisi** yang sedang Anda kejar secara aktif.
Berdoalah dengan jujur:
"Tuhan, arahkan kembali ambisi ini kepada tujuan-Mu."
Kemudian, ambillah **satu langkah kecil** hari ini yang mencerminkan kerendahan hati, pelayanan, atau kesetiaan, bukan sekadar mencari perhatian.
Doa
Bapa,
Engkau mengetahui keinginan yang mendorongku. Sucikan ambisiku dan selaraskan dengan Kerajaan-Mu. Singkirkan apa yang berakar pada ketakutan atau kesombongan dan kuatkan apa yang melayani tujuan-Mu. Ajari aku untuk mencari Engkau terlebih dahulu dalam segala hal yang kuusahakan. Amin.

Pernyataan
Ucapkan ini dengan lantang:
Ambisi saya selaras dengan Kerajaan Allah.
Ketaatan memurnikan apa yang mendorong saya. Saya mencari kesetiaan daripada pengakuan. Keinginan saya sedang diatur ulang oleh kebenaran. Saya bergerak dengan mantap menuju tujuan Allah.

Komitmen terhadap Ketaatan
Hari ini, saya berkomitmen pada **ambisi yang berpusat pada Kerajaan Allah** .
Saya melepaskan perjuangan yang berpusat pada diri sendiri

dan memilih ketaatan yang menyelaraskan keinginan saya dengan kehendak Allah.

Orientasi Penutup

Ambisi tidak akan hilang.

Ini **dialihkan** .

Besok, kita akan mengeksplorasi **bagaimana ketaatan membentuk kembali kesuksesan—bukan dengan mendefinisikan ulang pencapaian, tetapi dengan mengukur hasilnya** .

HARI KEDUA PULUH TIGA

Keberhasilan Diukur dari Hasil

Mengapa Ketaatan Mendefinisikan Ulang Arti Sukses

AYAT-AYAT ALKITAB YANG MENJADI FOKUS UTAMA

- **Yohanes 15:4-8** — *Tinggallah di dalam Aku, maka kamu akan menghasilkan banyak buah.*
- **Matius 7:16-20** — *Dari buahnya kamu akan mengenal mereka.*
- **Galatia 5:22-23** — *Buah Roh adalah...*

Pembacaan Kitab Suci (Bacalah Perlahan)
"Dari buahnya kamu akan mengenal mereka."
— Matius 7:16
Berhenti sejenak.
Perhatikan bahwa Kitab Suci menilai kehidupan berdasarkan **hasil** , bukan citra.

Renungan
Kesuksesan adalah salah satu konsep yang paling berbahaya secara diam-diam dalam kepercayaan modern.
Kita sering mengukur kesuksesan berdasarkan visibilitas, pertumbuhan, pengakuan, atau produktivitas. Bahkan dalam konteks spiritual, kita bisa salah mengartikan momentum dengan kedewasaan dan aktivitas dengan keselarasan. Kitab Suci menawarkan ukuran yang sama sekali berbeda: **buah** .
Buah tidak diproduksi secara massal.
Buah dihasilkan.

Sebelum **CS Lewis** menjadi sangat berpengaruh, buah dari ketaatannya sudah terlihat—kejernihan berpikir, kerendahan hati dalam keyakinan, kesabaran dalam dialog, kesetiaan dalam disiplin. Pengakuan publik datang kemudian. Buah datang terlebih dahulu.

Urutan ini penting.

Buah tidak bisa diburu-buru.

Buah tidak bisa dipalsukan. Buah tidak bisa dipertahankan tanpa keselarasan.

Ketaatan membentuk kembali kesuksesan dengan mengalihkan fokus dari hasil yang kita kendalikan kepada buah yang dihasilkan Tuhan. Ketaatan tidak bertanya, *"Apa yang telah saya capai?"* tetapi *"Apa yang sedang dibentuk?"* Kasih, kesabaran, pengendalian diri, kesetiaan—ini bukanlah ukuran yang mencolok, tetapi sangat jelas.

Hari ke-23 mengajak Anda untuk menelaah bagaimana Anda mengevaluasi hidup Anda.

Ketika kesuksesan hanya diukur dari hasil, tekanan akan meningkat.

Ketika kesuksesan diukur dari buahnya, kedamaian akan tumbuh.

Yesus tidak meminta hasil yang mengesankan.

Dia mengajak untuk tinggal di dalam Dia.

Buah muncul secara alami di mana ketaatan tetap berakar.

Seiring waktu, buah itu menjadi terlihat—tidak selalu bagi kita terlebih dahulu, tetapi jelas bagi orang lain. Inilah sebabnya mengapa Kitab Suci mengatakan kita "dikenal" melalui buah.

Buah itu mengungkapkan pohon seperti apa kita nantinya.

Kesuksesan di Kerajaan Allah bukanlah tentang seberapa jauh Anda telah melangkah.

Melainkan tentang apa yang tumbuh di tempat Anda berdiri.

Pemeriksaan Jantung

Renungkan pertanyaan-pertanyaan ini dengan tenang.

1. **Bagaimana biasanya Anda mengukur kesuksesan dalam hidup Anda?**

2. **Buah apa yang saat ini tampak dalam diri Anda—kesabaran, kasih sayang, kedamaian, pengendalian diri?**
3. **Buah apa yang mungkin sedang Tuhan tumbuhkan yang telah Anda abaikan karena terasa biasa saja?**

Latihan Hari Ini (Kesadaran Buah)
Latihan hari ini adalah **mengamati buah** .
Sepanjang hari, perhatikan momen-momen di mana:

- Anda merespons dengan sabar, bukan dengan rasa jengkel.
- Anda memilih menahan diri daripada bertindak impulsif.
- Kau bertindak dengan baik tanpa mengharapkan imbalan.

Pada akhirnya, bersyukurlah kepada Tuhan atas **sepotong kecil buah** yang Anda perhatikan.

Doa
Bapa,
ajari aku untuk menghargai buah daripada pengakuan. Bantulah aku tetap berakar di dalam Engkau sehingga apa yang tumbuh dalam hidupku mencerminkan Roh-Mu. Bebaskan aku dari ukuran keberhasilan yang palsu dan teguhkan aku dalam apa yang Engkau bentuk. Aku memilih untuk tetap tinggal di dalam Engkau. Amin.

Pernyataan
Ucapkan ini dengan lantang:
Saya mengukur kesuksesan berdasarkan buah, bukan penampilan.
Tuhan menghasilkan pertumbuhan melalui ketaatan. Saya tetap berakar dan selaras. Apa yang Tuhan bentuk dalam diri saya itu penting. Hidup saya menghasilkan buah yang abadi.

Komitmen terhadap Ketaatan

Hari ini, saya berkomitmen pada **ketaatan yang menghasilkan buah** .
Saya melepaskan ukuran keberhasilan yang palsu dan percaya kepada Tuhan untuk menghasilkan apa yang kekal.

Orientasi Penutup
Buah tumbuh dengan tenang.
Besok, kita akan mengeksplorasi **bagaimana ketaatan membentuk kembali pemahaman kita tentang warisan—bukan sebagai kenangan, tetapi sebagai perkalian** .

HARI KEDUA PULUH EMPAT

Warisan yang Berlipat Ganda

Mengapa Ketaatan Lebih Bertahan daripada Keterlihatan

AYAT-AYAT ALKITAB YANG MENJADI FOKUS UTAMA

- **2 Timotius 2:2** — *Percayakanlah kepada orang-orang yang setia, yang juga mampu mengajar orang lain.*
- **Mazmur 145:4** — *Satu generasi menceritakan perbuatan-Mu kepada generasi berikutnya.*
- **Yohanes 12:24** — *Jika biji gandum tidak jatuh ke tanah dan mati, maka biji itu akan menghasilkan banyak buah.*

Pembacaan Kitab Suci (Bacalah Perlahan)
"Sebiji gandum tidak jatuh ke tanah dan mati,
tetapi ia akan berbuah banyak jika tidak."
— Yohanes 12:24
Berhenti sejenak.
Perhatikan bahwa buah membutuhkan **pelepasan** , bukan pengawetan.

Renungan
Warisan sering disalahpahami sebagai apa yang tersisa *dari* kita setelah kita tiada.
Kitab Suci mendefinisikan warisan sebagai apa yang terus berlanjut *melalui* orang lain karena kita setia. Warisan bukanlah kenangan—melainkan perkalian. Bukan berapa lama kita dikenang; melainkan seberapa dalam ketaatan menghasilkan kehidupan melampaui kita.

Sebelum **CS Lewis** dapat membayangkan jangkauan karyanya, ia berfokus pada kesetiaan daripada dampak. Ia menulis, mengajar, dan berbicara dengan jelas karena ketaatan menuntut kejujuran—bukan karena warisan dijamin. Perkembangannya terjadi kemudian, di luar kendalinya.

Ini adalah pola Kerajaan.

Benih tidak mengumumkan panen di masa depan.

Mereka hanya jatuh ke tanah dan mengikuti takdirnya.

Hari ke-24 mengajak Anda untuk melepaskan tekanan untuk mengamankan warisan Anda sendiri. Ketaatan yang berpegang teguh pada visibilitas tidak dapat berlipat ganda. Ketaatan yang melepaskan kendali menciptakan ruang bagi Tuhan untuk menghasilkan buah yang jauh melampaui masa hidup kita.

Warisan tumbuh di mana ketaatan dapat diwariskan—di mana kebenaran dihayati, dibagikan, dan dipercayakan kepada orang lain yang akan meneruskannya. Inilah sebabnya mengapa Kitab Suci menekankan kesetiaan kepada orang, bukan kepada platform.

Anda tidak perlu tahu siapa yang akan terpengaruh oleh ketaatan Anda.

Anda hanya perlu tetap setia di tempat Anda berada.

Tuhan yang menangani perkalian.

Warisan tidak dibangun melalui upaya mempertahankan diri.

Warisan dibentuk melalui penyerahan diri.

Pemeriksaan Jantung

Renungkan pertanyaan-pertanyaan ini dengan tenang.

1. **Bagaimana pandangan Anda tentang warisan—reputasi atau reproduksi?**
2. **Di mana Tuhan mungkin meminta Anda untuk melepaskan kendali daripada mempertahankan pengaruh?**
3. **Siapa yang bisa dibentuk secara diam-diam oleh ketaatan Anda saat ini?**

Praktik Hari Ini (Menyerahkan dengan Setia)

Praktik saat ini adalah **investasi yang disengaja** .
Berikan dorongan, dukungan, atau sampaikan kebenaran kepada **satu orang** —tanpa agenda tersembunyi atau mengharapkan imbalan.
Lakukanlah dengan sederhana.
Lakukanlah dengan setia. Biarkan Tuhan yang menangani hasilnya.

Doa
Bapa,
bebaskan aku dari kebutuhan untuk mengamankan warisanku sendiri.
Ajari aku untuk mempercayakan kepada-Mu perkalian.
Bantulah aku untuk berinvestasi dengan setia pada orang lain dan menyerahkan kendali atas hasil. Biarlah ketaatanku menghasilkan buah yang melampaui apa yang dapat kulihat.
Amin.

Pernyataan
Ucapkan ini dengan lantang:
Ketaatanku berlipat ganda melampaui apa yang terlihat olehku.
Tuhan menghasilkan buah melalui penyerahan diri yang setia.
Aku melepaskan kendali dan mempercayakan warisan kepada Tuhan. Apa yang kuinvestasikan pada orang lain akan bertahan. Hidupku menghasilkan buah melampaui diriku.

Komitmen terhadap Ketaatan
Hari ini, saya berkomitmen pada **ketaatan yang berorientasi pada warisan** .
Saya akan berinvestasi dengan setia dan percaya kepada Tuhan untuk melipatgandakan apa yang saya lepaskan.

Orientasi Penutup
Legacy sedang terbentuk secara diam-diam.
Besok, kita akan mengeksplorasi **bagaimana ketaatan membentuk kembali pemahaman kita tentang kematian**

dan kefanaan—bukan sebagai kehilangan, tetapi sebagai penyelesaian .

HARI KEDUA PULUH LIMA

Ketaatan di Ambang Kematian

Mengapa Kematian Melengkapi Apa yang Dimulai oleh Ketaatan

AYAT-AYAT ALKITAB YANG MENJADI FOKUS UTAMA

- **Filipi 1:21-23** — *Hidup adalah Kristus, dan mati adalah keuntungan.*
- **Ibrani 11:13-16** — *Mereka merindukan negeri yang lebih baik...*
- **2 Timotius 4:7-8** — *Aku telah berjuang dalam perjuangan yang baik...*

Pembacaan Kitab Suci (Bacalah Perlahan)
"Aku telah berjuang dalam perjuangan yang baik,
aku telah menyelesaikan perlombaan, aku telah memelihara iman."
— 2 Timotius 4:7
Berhenti sejenak.
Perhatikan bahwa Paulus berbicara tentang **penyelesaian** , bukan penyesalan.

Renungan
Budaya modern menghindari kematian dengan menyangkalnya.
Kita mengalihkan perhatian kita dengan produktivitas, hiburan, dan membangun warisan, berharap tidak menghadapi kenyataan bahwa setiap kehidupan menuju akhir.
Kitab Suci tidak menghindari kematian. Kitab Suci membingkai ulang kematian. Kematian bukanlah negasi dari ketaatan—melainkan **puncaknya** .

Bagi mereka yang hidup selaras dengan Tuhan, kematian bukanlah sebuah gangguan. Melainkan sebuah pencapaian. Sebelum **CS Lewis** merenungkan secara mendalam tentang kematian, ia bergumul dengan implikasinya. Kematian membuat kita gelisah karena ia menyingkap di mana harapan kita sebenarnya berada. Jika ketaatan berakar pada hasil, kematian terasa seperti kehilangan. Jika ketaatan berakar pada kesetiaan, kematian terasa seperti penyelesaian.
Kitab Suci berbicara tentang mengakhiri dengan baik.
Tidak mencapai segalanya.
Tidak menghindari semua rasa sakit. Tetapi tetap teguh hingga akhir.
Hari ke-25 mengajak Anda untuk menelaah bagaimana kefanaan membentuk ketaatan Anda.
Jika kematian ditakuti, ketaatan seringkali berubah menjadi kecemasan.
Jika kematian diterima, ketaatan menjadi terfokus.
Kesadaran akan kefanaan memperjelas prioritas. Hal itu menyingkirkan ambisi yang sepele dan mengungkap apa yang benar-benar penting. Ketaatan menjadi kurang tentang akumulasi dan lebih tentang kesetiaan. Kurang tentang membuktikan pentingnya diri dan lebih tentang hidup selaras dengan tujuan Tuhan.
Kematian tidak mengurangi nilai kehidupan yang beriman. Justru kematian mengukuhkannya.
Harapan orang Kristen bukanlah agar kita menghindari kematian, tetapi agar kematian tidak dapat menghancurkan apa yang telah dibentuk oleh ketaatan. Apa yang Allah mulai dalam diri kita, Dia akan menyelesaikannya—bahkan setelah napas terakhir kita.

Pemeriksaan Jantung

Renungkan pertanyaan-pertanyaan ini dengan tenang.

1. **Bagaimana kesadaran akan kematian memengaruhi prioritas Anda?**
2. **Seperti apa "menyelesaikan sesuatu dengan baik" dalam hidup Anda?**

3. **Di mana ketaatan dapat membantu Anda menjalani hidup dengan lebih bermakna hari ini?**

Praktik Hari Ini (Hidup dengan Memikirkan Akhir Zaman)
Praktik saat ini adalah **penyelarasan yang disengaja** .
Pilih **satu aktivitas atau keputusan** hari ini dan tanyakan:
"Apakah ini akan menjadi masalah jika saya sudah mendekati akhir hayat?"
Biarkan pertanyaan itu mempertajam pilihan Anda.

Doa
Bapa,
ajari aku untuk hidup dengan pandangan kekekalan. Bantulah aku memprioritaskan kesetiaan daripada harta benda dan keselarasan daripada kecemasan. Aku percaya bahwa Engkau menyelesaikan apa yang Engkau mulai dan bahwa ketaatanku berarti melampaui kehidupan ini. Aku mempersembahkan hari-hariku kepada-Mu .
Amin.

Pernyataan
Ucapkan ini dengan lantang:
Hidupku berorientasi pada kekekalan.
Ketaatan mempersiapkanku untuk mengakhiri hidup dengan baik. Kematian tidak membatalkan karya Allah dalam diriku. Aku hidup dengan setia dengan tujuan akhir dalam pandanganku. Harapanku terjamin di dalam Kristus.

Komitmen terhadap Ketaatan
Hari ini, saya berkomitmen pada **ketaatan yang berorientasi pada kekekalan** .
Saya melepaskan rasa takut akan kematian dan memilih keselarasan yang bertahan melampaui masa hidup saya.

Orientasi Penutup
Kematian memperjelas ketaatan.

Besok, kita akan mengeksplorasi **bagaimana ketaatan membentuk kembali pemahaman kita tentang kebangkitan—bukan hanya sebagai doktrin, tetapi sebagai harapan sehari-hari** .

HARI KEDUA PULUH ENAM

Menghayati Kebangkitan Sekarang

Mengapa Ketaatan Dibentuk oleh Apa yang Akan Datang

AYAT-AYAT ALKITAB YANG MENJADI FOKUS UTAMA

- **Roma 6:4-5** — *Sama seperti Kristus telah dibangkitkan dari antara orang mati… kita pun dapat hidup dalam kehidupan baru.*
- **1 Korintus 15:19-22** — *Sekiranya hanya untuk hidup ini kita mempunyai harapan di dalam Kristus…*
- **Kolose 3:1-4** — *Arahkan hatimu kepada hal-hal yang di atas…*

Pembacaan Kitab Suci (Bacalah Perlahan)
"Sama seperti Kristus dibangkitkan dari antara orang mati karena kemuliaan Bapa,
demikian juga kita dapat hidup dalam kehidupan baru."
— Roma 6:4
Perhatikan tenses-nya.
Kebangkitan membentuk **cara kita hidup sekarang** .

Renungan
Kebangkitan seringkali diperlakukan hanya sebagai harapan masa depan—sesuatu yang kita tegaskan secara doktrinal sementara kita hidup secara praktis tanpa mengalami perubahan berarti.
Kitab Suci menolak pemisahan itu.

Kebangkitan Kristus bukanlah sekadar peristiwa yang harus diingat. Itu adalah **realitas yang harus diwujudkan** . Itu menyatakan bahwa kematian tidak memiliki otoritas akhir, bahwa kegagalan tidak memiliki kata terakhir, dan bahwa ketaatan tidak sia-sia—bahkan ketika itu mengorbankan segalanya.
Sebelum **CS Lewis** berbicara tentang kebangkitan dengan penuh keyakinan, ia belajar membiarkan harapan masa depan membentuk kembali pilihan-pilihan saat ini. Kebangkitan membingkai ulang ketaatan karena meyakinkan kita bahwa apa yang kita serahkan tidak hilang, dan apa yang kita investasikan di dalam Kristus tidak terhapus.
Hal ini mengubah perhitungan kepatuhan.
Jika kebangkitan itu benar, ketaatan tidak pernah sia-sia.
Jika kebangkitan itu nyata, pengorbanan tidak pernah bersifat final. Jika kebangkitan itu pasti, kesetiaan selalu berharga.
Hari ke-26 mengajak Anda untuk terus maju.
Ketaatan yang berlandaskan kebangkitan bukanlah ketaatan yang penuh kecemasan. Ketaatan itu teguh. Ketaatan itu tidak melekat erat pada kenyamanan atau kendali karena percaya bahwa Allah memulihkan apa yang telah dilepaskan. Harapan akan kebangkitan melonggarkan cengkeraman kita pada upaya mempertahankan diri dan memperkuat tekad kita untuk hidup jujur sekarang.
Inilah sebabnya mengapa Kitab Suci mendesak kita untuk "memusatkan pikiran kita pada hal-hal yang di atas." Bukan untuk menghindari masa kini—tetapi untuk **menafsirkannya dengan benar** . Kebangkitan mengajarkan kita bahwa hari ini bukanlah keseluruhan cerita. Apa yang tampaknya hilang mungkin masih dapat dibangkitkan. Apa yang terasa kecil mungkin masih dapat dimuliakan.
Ketaatan menjadi keberanian ketika kebangkitan menjadi landasannya.

Pemeriksaan Jantung
Renungkan pertanyaan-pertanyaan ini dengan tenang.

1. **Bagaimana keyakinan akan kebangkitan memengaruhi keputusan harian Anda—jika memang berpengaruh?**
2. **Ketakutan apa yang mungkin mereda jika Anda percaya bahwa Tuhan memulihkan apa yang diserahkan?**
3. **Di manakah Tuhan mengajak Anda untuk hidup dengan harapan masa depan yang membentuk ketaatan saat ini?**

Praktik Hari Ini (Pilihan yang Berorientasi pada Kebangkitan)

Praktik saat ini adalah **kepatuhan yang berorientasi ke masa depan** .

Pilihlah **satu keputusan** hari ini yang terasa mahal, merepotkan, atau tidak terlihat.

Lakukan saja—

bukan karena terasa menyenangkan, tetapi karena kebangkitan memastikan bahwa itu penting.

Doa

Bapa,

teguhkan ketaatanku dalam pengharapan akan kebangkitan. Ajari aku untuk hidup hari ini sesuai dengan apa yang Engkau janjikan esok hari. Lepaskan ketakutanku akan kehilangan dan kuatkan kepercayaanku bahwa Engkau akan memulihkan segala sesuatu. Aku hidup sebagai orang yang dibangkitkan bersama Kristus. Amin.

Pernyataan

Ucapkan ini dengan lantang:

Aku hidup dalam kuasa kebangkitan Kristus.

Ketaatan tidak pernah sia-sia. Apa yang kuserahkan, Allah memulihkannya. Hidupku dibentuk oleh harapan kekal. Aku melangkah maju dengan penuh keyakinan dan iman.

Komitmen terhadap Ketaatan

Hari ini, saya berkomitmen pada **ketaatan yang dibentuk oleh kebangkitan** .
Saya melepaskan rasa takut akan kehilangan dan hidup dengan setia sesuai dengan apa yang akan Allah genapi.

Orientasi Penutup
Kebangkitan mengubah segalanya.
Besok, kita akan mengeksplorasi **bagaimana ketaatan membentuk kembali hubungan kita dengan penghakiman—bukan sebagai rasa takut, tetapi sebagai pertanggungjawaban yang berakar pada harapan** .

HARI KEDUA PULUH TUJUH

Penghakiman Tanpa Rasa Takut

Mengapa Ketaatan Menghadapi Akuntabilitas dengan Percaya Diri

AYAT-AYAT ALKITAB YANG MENJADI FOKUS UTAMA

- **2 Korintus 5:10** — *Kita semua harus menghadap takhta penghakiman Kristus.*
- **Roma 14:10-12** — *Setiap kita akan memberikan pertanggungjawaban tentang diri kita kepada Allah.*
- **1 Yohanes 4:17-18** — *Kasih yang sempurna mengusir ketakutan...*

Pembacaan Kitab Suci (Bacalah Perlahan)
"Demikianlah kasih di antara kita, sehingga kita mempunyai keyakinan pada hari penghakiman."
— 1 Yohanes 4:17
Berhenti sejenak.
Perhatikan kata **"percaya diri"** , bukan "takut".

Renungan
Penghakiman adalah salah satu tema yang paling disalahpahami dalam iman Kristen.
Banyak orang percaya diam-diam takut akan hal itu. Yang lain menghindarinya sepenuhnya. Kita membayangkan penghakiman sebagai pengungkapan tanpa belas kasihan, evaluasi tanpa kasih karunia, perhitungan tanpa hubungan.
Kitab Suci menawarkan gambaran yang berbeda: penghakiman bukanlah musuh ketaatan—melainkan **penjelasnya** .

Penghakiman mengungkapkan apa yang telah dibentuk oleh ketaatan.
Sebelum **CS Lewis** berbicara jujur tentang pertanggungjawaban, ia bergumul dengan gagasan bahwa penghakiman Tuhan akan bersifat sewenang-wenang atau menghancurkan. Namun, yang ia temukan justru adalah bahwa penghakiman, jika dipahami dengan benar, merupakan pengungkapan realitas. Penghakiman menunjukkan apa yang telah dibentuk, apa yang telah bertahan, dan apa yang selaras dengan kebenaran.
Penilaian bukanlah tentang perbandingan.
Ini tentang kesesuaian.
Hal itu mengungkapkan apakah hidup kita sesuai dengan kebenaran yang kita akui. Inilah sebabnya mengapa Kitab Suci menghubungkan penghakiman dengan kasih. Di mana ketaatan mengalir dari kasih, rasa takut akan kehilangan cengkeramannya. Di mana ketaatan telah tulus—bahkan tidak sempurna—penghakiman menjadi penegasan daripada penghukuman.
Rasa takut berkembang subur di tempat kepatuhan hanya sekadar sandiwara.
Kepercayaan diri tumbuh di tempat kepatuhan yang jujur.
Hari ke-27 mengajak Anda untuk menelaah bagaimana Anda berhubungan dengan akuntabilitas.
Jika penghakiman terasa menakutkan, mungkin karena kepatuhan didorong oleh rasa takut atau citra diri. Jika penghakiman terasa memperjelas, itu karena kepatuhan berakar pada keselarasan daripada kinerja.
Allah tidak menghakimi untuk mempermalukan.
Ia menghakimi untuk mengungkapkan.
Penghakiman melengkapi pembentukan dengan menyebutkan apa yang benar. Ia menegaskan apa yang telah dibentuk oleh ketaatan secara diam-diam dari waktu ke waktu. Bagi mereka yang berjalan di dalam Kristus, penghakiman bukanlah ancaman—melainkan sebuah kesaksian.

Pemeriksaan Jantung

Renungkan pertanyaan-pertanyaan ini dengan tenang.

1. **Emosi apa yang muncul ketika Anda memikirkan tentang pertanggungjawaban di hadapan Tuhan?**
2. **Di mana rasa takut akan penghakiman mungkin mengungkapkan kepatuhan yang didorong oleh kinerja?**
3. **Bagaimana ketaatan yang berakar pada kasih dapat membentuk kembali kepercayaan diri Anda di hadapan Tuhan?**

Praktik Hari Ini (Penyelarasan yang Jujur)

Praktik hari ini adalah **ulasan yang jujur** .

Di penghujung hari, tanyakan pada diri Anda sendiri dengan tenang:

"Di mana letak keselarasan hidup saya dengan kebenaran hari ini?"

Bersyukurlah kepada Tuhan atas apa yang tulus.

Tinggalkan apa yang tidak tulus.

Tidak ada rasa malu.

Hanya kejujuran.

Doa

Bapa,

terima kasih karena penghakiman-Mu berakar pada kebenaran dan kasih. Singkirkan rasa takut di mana aku telah salah memahami pertanggungjawaban. Ajarkan aku ketaatan yang tidak tersembunyi dan kesetiaan yang teguh dalam terang. Aku percaya kepada -Mu untuk menyelesaikan apa yang sedang Engkau bentuk dalam diriku.

Amin.

Pernyataan

Ucapkan ini dengan lantang:

Aku menghadapi pertanggungjawaban dengan keyakinan di dalam Kristus.

Ketaatan menyelaraskan hidupku dengan kebenaran.

Penghakiman Allah mengungkapkan apa yang nyata, bukan

apa yang ditakuti. Kasih mengusir rasa takut dalam ketaatanku. Aku hidup jujur di hadapan Allah.

Komitmen terhadap Ketaatan
Hari ini, saya berkomitmen untuk **ketaatan yang transparan**
.
Saya tidak akan menghindari pertanggungjawaban atau berbuat baik demi mendapatkan persetujuan. Saya memilih keselarasan yang berakar pada kasih dan kebenaran.

Orientasi Penutup
Penghakiman memperjelas apa yang telah dibentuk oleh ketaatan.
Besok, kita akan mengeksplorasi **bagaimana ketaatan membentuk kembali pemahaman kita tentang pahala—bukan sebagai pembayaran, tetapi sebagai partisipasi dalam sukacita Tuhan .**

HARI KEDUA PULUH DELAPAN

HIDUP SEBAGAI DUTA KRISTUS SETIAP HARI

AYAT-AYAT ALKITAB YANG MENJADI FOKUS UTAMA

" Hadiah Tanpa Transaksi"

Mengapa Ketaatan Membawa Sukacita, Bukan Upah

Ayat-ayat Alkitab yang Menjadi Fokus Utama

- **Matius 25:21** — *Baik sekali, hai hamba yang baik dan setia... masuklah ke dalam sukacita tuanmu.*
- **Ibrani 11:6** — *Ia memberi upah kepada orang-orang yang dengan sungguh-sungguh mencari Dia.*
- **Mazmur 16:11** — *Di hadirat-Mu ada sukacita yang penuh.*

Pembacaan Kitab Suci (Bacalah Perlahan)

"Baik sekali, hai hamba yang baik dan setia...
masuklah ke dalam sukacita tuanmu."
— Matius 25:21
Berhenti sejenak.
Perhatikan bahwa imbalannya adalah **kegembiraan** , bukan kompensasi.

Renungan

Hadiah sering disalahartikan sebagai pembayaran.
Secara naluriah, kita memperlakukan ketaatan seperti kerja keras dan imbalan seperti upah—jika kita melakukan cukup banyak, Tuhan berutang sesuatu kepada kita. Kitab Suci membongkar kerangka ini dengan lembut namun tegas.
Tuhan tidak memberi imbalan atas ketaatan karena Dia

berkewajiban. Dia memberi imbalan atas ketaatan dengan **membagikan sukacita-Nya** .
Imbalan itu bersifat relasional.
Sebelum **CS Lewis** memahami imbalan Kristen dengan benar, ia bergumul dengan gagasan bahwa imbalan mengurangi kebajikan. Ia berasumsi bahwa kebaikan sejati seharusnya tidak mementingkan diri sendiri—bahwa imbalan akan merendahkan ketaatan. Namun, apa yang ia temukan justru mengubah segalanya: imbalan Tuhan bukanlah hadiah eksternal; melainkan pemenuhan alami dari keselarasan. Ganjaran melengkapi ketaatan dengan menarik kita lebih dalam kepada Tuhan itu sendiri.
Ketika ketaatan bersifat transaksional, sukacita menjadi rapuh.
Ketika ketaatan bersifat relasional, sukacita menjadi tak terhindarkan.
Kitab Suci secara konsisten menunjukkan sukacita sebagai buah dari kesetiaan. Bukan kegembiraan. Bukan kesenangan. Sukacita—yang mantap, abadi, dan dibagikan. Ketaatan tidak menghasilkan kasih Allah; ketaatan menempatkan kita pada posisi untuk **mengalaminya secara lebih penuh** .
Hari ke-28 mengajak Anda untuk meneliti bagaimana Anda berpikir tentang imbalan.
Jika Anda patuh dengan mengharapkan imbalan, kekecewaan sering kali mengikuti.
Jika Anda patuh untuk tetap selaras, kebahagiaan akan tumbuh dengan tenang.
Tuhan tidak berdiri di akhir ketaatan dengan buku catatan. Dia berdiri dengan tangan terbuka, mengundang kita untuk masuk lebih dalam.
Kegembiraan dalam ketaatan bukanlah penundaan kepuasan. Melainkan partisipasi yang lebih mendalam.

Pemeriksaan Jantung
Renungkan pertanyaan-pertanyaan ini dengan tenang.

1. **Bagaimana Anda secara tidak sadar memperlakukan kepatuhan—sebagai kewajiban atau hubungan?**

2. **Di mana Anda dapat mengharapkan Tuhan untuk "membalas" kesetiaan Anda?**
3. **Seperti apa jadinya jika kita taat hanya untuk tetap dekat dengan Tuhan?**

Latihan Hari Ini (Ketaatan yang Berorientasi pada Sukacita)

Praktik hari ini adalah **ketaatan relasional** .

Pilihlah **satu tindakan ketaatan** hari ini—doa, pelayanan, pengendalian diri, kemurahan hati.

Sebelum melakukannya, berdoalah:

"Tuhan, aku melakukan ini agar tetap dekat dengan-Mu."

Setelah itu, berhentilah sejenak dan perhatikan kebahagiaan atau kedamaian yang tenang.

Doa

Bapa,

bebaskan aku dari iman yang bersifat transaksional. Ajari aku ketaatan yang bersukacita dalam hadirat-Mu. Biarlah sukacita, bukan kewajiban, yang membentuk kesetiaanku. Aku menerima upah sebagai hubungan, bukan pembayaran. Aku memasuki sukacita-Mu. Amin.

Pernyataan

Ucapkan ini dengan lantang:

Ketaatan membawaku kepada sukacita Allah.

Aku tidak mendapatkan pahala—aku memasukinya.

Kesetiaanku membawaku lebih dekat kepada Allah. Sukacita tumbuh di mana keselarasan tetap terjaga. Aku bersukacita di dalam Tuhan.

Komitmen terhadap Ketaatan

Hari ini, saya berkomitmen pada **ketaatan yang berpusat pada sukacita** .

Saya melepaskan harapan akan imbalan sebagai pembayaran dan memilih kesetiaan sebagai hubungan.

Orientasi Penutup

Kebahagiaan semakin mendalam dengan tenang.

Besok, kita akan mengeksplorasi **bagaimana ketaatan membentuk kembali pemahaman kita tentang iman—bukan sebagai kepastian, tetapi sebagai kepercayaan yang melangkah maju** .

HARI KEDUA PULUH SEMBILAN

Iman yang Melangkah Maju

Mengapa Ketaatan Tidak Menunggu Kepastian

AYAT-AYAT ALKITAB YANG MENJADI FOKUS UTAMA

- **2 Korintus 5:7** — *Karena kita hidup berdasarkan iman, bukan berdasarkan penglihatan.*
- **Ibrani 11:1, 8** — *Iman adalah keyakinan akan apa yang kita harapkan... Abraham taat dan pergi, meskipun ia tidak tahu ke mana ia akan pergi.*
- **Amsal 3:5-6** — *Percayalah kepada Tuhan dengan segenap hatimu...*

Pembacaan Kitab Suci (Bacalah Perlahan)
"Karena kita hidup oleh iman, bukan oleh penglihatan."
— 2 Korintus 5:7
Berhenti sejenak.
Perhatikan bahwa iman digambarkan sebagai **sebuah gerakan** , bukan kesimpulan.

Renungan
Banyak orang berasumsi bahwa iman membutuhkan kepastian.
Kita menunggu kejelasan sebelum bertindak. Kita menginginkan kepastian sebelum ketaatan. Kita mengharapkan iman untuk menghilangkan ambiguitas, pertanyaan, dan risiko. Kitab Suci menyajikan pola yang berbeda: iman sering kali dimulai **sebelum kepastian tiba** .

Iman bukanlah mengetahui ke mana jalan itu mengarah.
Iman adalah mempercayai Dia yang menuntun.
Sebelum **CS Lewis** sepenuhnya memeluk iman Kristen, salah satu pergumulan terbesarnya adalah kehilangan kendali. Iman mengharuskannya untuk melangkah maju tanpa jawaban yang lengkap. Dia tidak bergerak karena setiap pertanyaan telah terjawab; dia bergerak karena kejujuran menuntut kepercayaan.
Ini sangat modern.
Kita hidup dalam budaya yang menghargai kepastian, bukti, dan jaminan. Iman mengganggu sikap itu. Iman tidak menolak akal sehat—tetapi menolak untuk dikendalikan oleh rasa takut akan hal yang tidak diketahui. Ketaatan yang berakar pada iman tidak menunggu pemahaman yang lengkap. Ketaatan melangkah maju dengan sedikit pemahaman.
Hari ke-29 mengajak Anda untuk memeriksa di mana Anda mungkin menunggu kepastian alih-alih mempraktikkan kepercayaan.
Iman tidak menghilangkan pertanyaan.
Iman memutuskan meskipun ada pertanyaan-pertanyaan tersebut.
Ketaatan adalah ekspresi iman yang terlihat. Ketaatan mengungkapkan apa yang lebih kita percayai—pemahaman kita atau kesetiaan Tuhan. Ketika iman direduksi menjadi persetujuan, iman akan stagnan. Ketika iman menjadi gerakan, iman akan bertumbuh.
Berjalan dengan iman bukan berarti bertindak gegabah.
Itu berarti kepercayaan yang responsif.
Tuhan sering kali mengungkapkan langkah selanjutnya hanya setelah ketaatan dipilih. Iman dibentuk bukan dalam tekad, tetapi dalam pergerakan.

Pemeriksaan Jantung

Renungkan pertanyaan-pertanyaan ini dengan tenang.

1. **Di mana kamu menunggu kepastian sebelum menaati?**

2. **Ketakutan apa yang muncul ketika kejelasan terasa tidak lengkap?**
3. **Langkah kepercayaan apa yang mungkin Tuhan ajak Anda ambil sekarang?**

Latihan Hari Ini (Iman dalam Gerakan)
Latihan hari ini adalah **gerakan patuh** .
Identifikasi **satu langkah kecil ketaatan** yang telah Anda tunda karena Anda menginginkan kejelasan yang lebih besar.
Ambil langkah itu hari ini.
Jangan terburu-buru.
Jangan mendramatisirnya.
Minggir saja.

Doa
Bapa,
ajari aku iman yang menuntunku maju. Bebaskan aku dari kebutuhan akan kepastian mutlak dan kuatkan kepercayaanku kepada-Mu. Bantulah aku untuk taat dengan terang yang kumiliki dan percayalah kepada-Mu untuk membimbing langkah selanjutnya. Aku menaruh kepercayaanku kepada-Mu. Amin.

Pernyataan
Ucapkan ini dengan lantang:
Aku berjalan dengan iman, bukan dengan penglihatan. Ketaatan tidak menunggu kepastian. Tuhan membimbing langkahku saat aku melangkah maju. Aku percaya kepada-Nya melebihi apa yang kupahami. Imanku aktif dan hidup.

Komitmen terhadap Ketaatan
Hari ini, saya berkomitmen untuk **taat dengan penuh iman**
.
Saya tidak akan menunda penyelarasan sambil menunggu kejelasan yang sempurna. Saya memilih untuk percaya dan melangkah maju.

Orientasi Penutup
Anda hampir sampai di akhir perjalanan.
Besok, kita akan mengeksplorasi **bagaimana ketaatan membentuk kembali pemahaman kita tentang kesempurnaan—bukan sebagai pencapaian akhir, tetapi sebagai kesetiaan seumur hidup** .

HARI KETIGA PULUH

Kesetiaan Tanpa Batas Akhir

Mengapa Ketaatan Adalah Cara Hidup, Bukan Tujuan Akhir

AYAT-AYAT ALKITAB YANG MENJADI FOKUS UTAMA

- **Filipi 3:12-14** — *Bukan berarti aku telah memperoleh semuanya itu… tetapi aku terus berusaha.*
- **Lukas 9:62** — *Tidak seorang pun yang telah meletakkan tangannya pada bajak dan menoleh ke belakang, layak untuk Kerajaan Allah.*
- **Ibrani 12:1-2** — *Marilah kita bertekun dalam perlombaan yang telah ditetapkan bagi kita.*

Pembacaan Kitab Suci (Bacalah Perlahan)
"Bukan berarti aku telah memperoleh semuanya itu
atau telah mencapai tujuanku, tetapi aku terus berusaha…"
— Filipi 3:12
Berhenti sejenak.
Perhatikan bahwa bahkan kedewasaan pun menolak bahasa pencapaian.

Renungan
Kita tergoda untuk memperlakukan kepatuhan sebagai sebuah proyek.
Kita mencari tonggak pencapaian, penanda penyelesaian, momen-momen ketika kita akhirnya dapat berkata, *"Saya telah sampai."* Kitab Suci dengan lembut membongkar harapan ini.
Kehidupan Kristen tidak berpuncak pada penguasaan—melainkan berlanjut dalam kesetiaan.

Dalam Kitab Suci, kesempurnaan bukanlah tentang telah selesai menjadi sesuatu.
Ini tentang tetap selaras.
Sebelum **CS Lewis** mencapai usia senjanya, ketaatan telah mengajarkan sesuatu yang penting kepadanya: tidak ada versi iman di mana pertumbuhan berhenti dibutuhkan. Bahkan kejelasan mengundang penyerahan diri yang lebih dalam. Bahkan kedewasaan menuntut kerendahan hati yang berkelanjutan.
Paulus—salah satu suara yang paling terbentuk secara rohani dalam Kitab Suci—menolak untuk berbicara seolah-olah ia telah mencapai puncaknya. Sebaliknya, ia terus maju. Sikap ini melindungi ketaatan dari kesombongan dan menjaga iman tetap responsif, bukan statis.
Hari ke-30 mengajak Anda untuk melepaskan gagasan penyelesaian sebagai pencapaian.
Ketaatan tidak berujung pada kenyamanan.
Ketaatan bermula dari **konsistensi** .
Kesetiaan bukanlah sesuatu yang dramatis. Ia teguh. Ia berarti memilih untuk kembali selaras esok hari. Ia berarti melanjutkan perlombaan tanpa tepuk tangan, tanpa kepastian, tanpa ilusi bahwa pekerjaan telah selesai.
Ini bukanlah hal yang mengecewakan.
Ini justru membebaskan.
Anda tidak perlu mencapai versi final dari diri Anda.
Anda diundang untuk tetap setia saat Anda sedang dibentuk.
Tuhan menyelesaikan pekerjaan-Nya bukan dengan terburu-buru membawa kita ke titik akhir, tetapi dengan menopang kita sepanjang perjalanan.

Pemeriksaan Jantung

Renungkan pertanyaan-pertanyaan ini dengan tenang.

1. **Di mana Anda pernah tergoda untuk mengukur kehidupan spiritual berdasarkan pencapaian daripada kesetiaan?**

2. **Bagaimana tanggapan Anda terhadap gagasan bahwa pembentukan karakter berlangsung seumur hidup?**
3. **Seperti apa wujud "terus maju" dalam hidup Anda saat ini?**

Latihan Hari Ini (Komitmen yang Teguh)
Praktik saat ini adalah **orientasi yang diperbarui** .
Ucapkan doa ini perlahan-lahan:
"Tuhan, aku berjanji untuk taat sepenuhnya hari ini—dan juga besok."
Tidak ada resolusi.
Tidak ada garis finish. Hanya penyelarasan.

Doa
Bapa,
bebaskan aku dari ilusi pencapaian. Ajari aku kesetiaan yang tetap teguh dari waktu ke waktu. Bantulah aku untuk terus maju dengan kerendahan hati, ketekunan, dan kepercayaan. Aku meletakkan tanganku pada bajak dan memilih untuk tidak menoleh ke belakang. Dukunglah aku saat Engkau melanjutkan pekerjaan-Mu dalam diriku. Amin.

Pernyataan
Ucapkan ini dengan lantang:
Aku tidak hidup untuk mencapai tujuan—aku hidup untuk mencapai keselarasan.
Ketaatan adalah panggilan hidupku. Aku terus maju dengan kesetiaan dan kepercayaan. Tuhan sedang menyelesaikan pekerjaan-Nya dalam diriku dari waktu ke waktu. Aku tetap teguh dalam perlombaan yang telah ditetapkan di hadapanku.

Komitmen terhadap Ketaatan
Hari ini, saya berkomitmen untuk **setia seumur hidup** .
Saya melepaskan kebutuhan akan kesempurnaan sebagai tujuan akhir dan memilih ketaatan yang teguh sebagai jalan hidup saya.

Orientasi Penutup
Ini bukanlah sebuah akhir.
Ini adalah **posisi yang mantap** .
Apa yang akan disampaikan selanjutnya tidak akan menambah tekanan—
melainkan akan memperdalam praktik.

HARI KETIGA PULUH SATU

Hidupmu sebagai Teks

Ketika Ketaatan Beralih dari Membaca ke Menjalani Kehidupan

Ayat-ayat Alkitab yang Menjadi Fokus Utama

- **2 Korintus 3:2-3** — *Kamu sendirilah surat kami… yang ditulis bukan dengan tinta, melainkan dengan Roh Allah yang hidup.*
- **Matius 7:24-27** — *Orang bijak mempraktikkan perkataan ini.*
- **Yakobus 1:23-25** — *Barangsiapa memperhatikan dengan saksama… dan tidak melupakan, melainkan melakukannya—ia akan diberkati.*

Pembacaan Kitab Suci (Bacalah Perlahan)

"Kamu sendirilah surat kami,
yang tertulis di dalam hati kami, yang dikenal dan dibaca oleh semua orang."
— 2 Korintus 3:2
Berhenti sejenak.
Perhatikan **siapa yang sedang dibacakan** .

Renungan

Sampai saat ini, Anda telah membaca tentang kehidupan, Kitab Suci, dan kebenaran.
Mulai sekarang, **hidupmu menjadi teksnya** .
Pembentukan karakter Kristen tidak berakhir dengan pemahaman. Puncaknya adalah perwujudan. Kitab Suci tidak bertanya apakah kebenaran telah dikagumi—tetapi bertanya apakah kebenaran itu telah *dihayati* . Ukuran akhir dari perjalanan ini bukanlah apa yang telah Anda serap, tetapi apa yang telah mulai membentuk pilihan-pilihan harian Anda.
Di sinilah banyak orang percaya ragu-ragu.
Membaca lebih aman daripada mempraktikkan.
Merenung lebih aman daripada menata ulang. Menyetujui lebih aman daripada mewujudkan.
Namun Kitab Suci menegaskan bahwa dunia bertemu Kristus bukan terutama melalui teks, tetapi melalui **orang-orang** .
Melalui nada bicara, tanggapan, kesabaran, pengendalian diri, keberanian, belas kasihan, dan kesetiaan yang dijalani dengan tenang di tempat-tempat biasa.
Hari ke-31 menandai sebuah perubahan.
Anda tidak lagi membaca tentang kepatuhan.
Anda diundang untuk **menjadi layak dibaca** .
Rutinitas, hubungan, reaksi, dan tanggung jawab Anda kini memiliki bobot. Pertanyaannya bukan lagi *"Apa artinya ini?"* tetapi *"Bagaimana ini akan dijalani?"*
Anda tidak membutuhkan peran atau platform baru.
Anda hanya membutuhkan keselarasan di tempat Anda sudah berada.

Roh Kudus menulis dengan paling jelas di tempat ketaatan dipraktikkan secara konsisten—di dapur, kantor, percakapan, kekecewaan, keputusan yang tidak diperhatikan orang lain. Di sinilah surat-surat hidup dibentuk.
Mulai saat ini, setiap hari akan menghadirkan **skenario nyata** , bukan pelajaran. Anda tidak diminta untuk menganalisisnya. Anda diminta untuk menghayatinya.

Pemeriksaan Jantung
Renungkan pertanyaan-pertanyaan ini dengan tenang.

1. **Di bagian mana hidup Anda sudah "dibaca" oleh orang lain?**
2. **Pola apa dalam kehidupan sehari-hari Anda yang paling jelas menunjukkan iman Anda?**
3. **Apa artinya hidup dengan kesadaran bahwa hidup Anda adalah seorang saksi?**

Praktik Hari Ini (Visibilitas yang Disengaja)
Latihan hari ini adalah **penyelarasan yang disadari** .
Pilihlah **satu lingkungan biasa** yang akan Anda masuki hari ini—tempat kerja, rumah, percakapan, atau urusan sehari-hari.
Sebelum memasukinya, berdoalah:
"Tuhan, biarlah kisah hidupku terbaca di sini."
Kemudian lanjutkan seperti biasa—tetapi dengan penuh perhatian.

Doa
Bapa,
kupersembahkan hidupku yang biasa ini kepada-Mu. Ajari aku untuk hidup dengan cara yang mencerminkan kebenaran, tanpa sandiwara atau kepura-puraan. Tuliskan rahmat-Mu dalam tindakanku, perkataanku, dan tanggapanku. Biarlah hidupku berbicara dengan tenang dan jelas. Amin.

Pernyataan
Ucapkan ini dengan lantang:

Hidupku adalah surat hidup Kristus.
Roh Allah menulis melalui ketaatanku. Aku hidup dengan penuh perhatian dan setia. Kehidupan sehari-hariku menjadi saksi kebenaran. Aku menjadi dapat dibaca oleh dunia.

Komitmen terhadap Ketaatan
Hari ini, saya berkomitmen untuk **hidup dengan penuh kesadaran** .
Saya memilih kesadaran daripada mode otomatis dan keselarasan daripada ketidakpedulian.

Orientasi Penutup
Mulai dari sini, fokusnya semakin menyempit.
Bukan ke arah teologi,
tetapi ke arah **praktik** .
Besok, kita akan mengeksplorasi **bagaimana ketaatan terungkap melalui respons kita di bawah tekanan** .

HARI KETIGA PULUH DUA

Apa yang Muncul di Bawah Tekanan

Bagaimana Ketaatan Terungkap Saat Kendali Hilang

Ayat-ayat Alkitab yang Menjadi Fokus Utama

- **Lukas 6:43-45** — *Dari limpahan hati, mulut berbicara.*
- **Amsal 4:23** — *Jagalah hatimu, karena segala perbuatanmu berasal dari hatimu.*
- **1 Petrus 1:6-7** — *Ujian datang supaya ketulusan imanmu dapat dibuktikan.*

Pembacaan Kitab Suci (Bacalah Perlahan)
"Karena mulut berbicara sesuai dengan isi hati."
— Lukas 6:45
Berhenti sejenak.
Perhatikan bahwa tekanan tidak menciptakan konten—melainkan **mengungkapkannya** .

Renungan
Tekanan adalah penyingkap.
Hal itu tidak menciptakan reaksi baru; melainkan mengungkap formasi yang sudah ada. Ketika kendali hilang—akibat stres, gangguan, konflik, atau kekecewaan—apa yang muncul ke permukaan menunjukkan kepada kita apa yang telah dibentuk oleh kepatuhan di bawah permukaan.
Ini memang tidak nyaman, tetapi juga memberikan kejelasan. Kita sering menilai diri sendiri berdasarkan niat. Tuhan membentuk kita melalui **respons** . Di bawah tekanan, niat memberi jalan kepada naluri. Dan naluri mengatakan yang sebenarnya tentang apa yang telah berakar.

Hari ke-32 mengajak Anda untuk melihat tekanan bukan sebagai musuh, melainkan sebagai informasi.
Jika ketidaksabaran muncul, itu menunjukkan di mana ketergesaan masih berkuasa.
Jika sikap defensif meningkat, itu menunjukkan di mana kontrol masih mencengkeram. Jika kelembutan muncul, itu menunjukkan di mana kepatuhan telah diam-diam menjalankan tugasnya.
Tekanan bukan berarti kegagalan.
Itu berarti kerentanan.
Tuhan menggunakan tekanan untuk memfokuskan pada keselarasan—bukan untuk mempermalukan kita, tetapi untuk menunjukkan kepada kita di mana pembentukan masih berlangsung. Momen-momen ini adalah undangan, bukan tuduhan.
Anda tidak diminta untuk menghilangkan tekanan.
Anda diajak untuk belajar dari tekanan tersebut.
Ketika ketaatan telah membentuk hati, tekanan menjadi saksi.
Tekanan menunjukkan kepada dunia apa yang mengendalikanmu ketika keadaan tidak mendukung.

Pemeriksaan Jantung
Renungkan pertanyaan-pertanyaan ini dengan tenang.

1. **Reaksi apa yang cenderung muncul ketika Anda berada di bawah tekanan?**
2. **Apa yang diungkapkan oleh reaksi-reaksi tersebut tentang apa yang masih dalam proses pembentukan?**
3. **Bagaimana tekanan bisa menjadi guru dan bukan ancaman?**

Latihan Hari Ini (Respons Penuh Perhatian)
Praktik saat ini adalah **respons lambat di bawah tekanan** .
Ketika sesuatu mengganggu rencana Anda hari ini—penundaan, frustrasi, gangguan—berhentilah sejenak sebelum bereaksi.

Ambil satu napas.
Kemudian pilih respons yang selaras dengan kebenaran, bukan impuls.
Jangan mengejar kesempurnaan.
Kejar kesadaran.

Doa
Bapa,
terima kasih karena Engkau telah menunjukkan kepadaku apa yang diungkapkan oleh tekanan. Ajari aku untuk merespons, bukan bereaksi. Gunakan saat-saat sulit untuk memperdalam keselarasan hatiku, bukan untuk melemahkan ketaatanku. Bentuklah hatiku di mana kendali diuji. Amin.

Pernyataan
Ucapkan ini dengan lantang:
Tekanan mengungkapkan apa yang Tuhan bentuk dalam diriku.
Aku merespons dengan kesadaran, bukan impuls. Ketaatan membentuk reaksiku di bawah tekanan. Tuhan menggunakan tekanan untuk memperdalam keselarasan. Aku tetap tenang ketika kendali diuji.

Komitmen terhadap Ketaatan
Hari ini, saya berkomitmen untuk **memberikan respons yang penuh perhatian** .
Saya tidak akan takut akan tekanan atau bersembunyi dari apa yang diungkapkannya. Saya mengizinkan Tuhan untuk menggunakannya untuk pembentukan.

Orientasi Penutup
Tekanan tidak membatalkan pembentukan.
Tekanan justru **mengungkapkannya** .
Besok, kita akan mengeksplorasi **bagaimana ketaatan terungkap melalui konsistensi dalam pilihan-pilihan kecil yang berulang** .

HARI KETIGA PULUH TIGA

Dibentuk oleh Apa yang Kamu Ulangi

Mengapa Ketaatan Dibangun Melalui Pilihan-Pilihan Kecil yang Setia

Ayat-ayat Alkitab yang Menjadi Fokus Utama

- **Lukas 16:10** — *Barangsiapa setia dalam hal yang kecil, ia juga setia dalam hal yang besar.*
- **Galatia 6:7-9** — *Janganlah kamu jemu-jemu berbuat baik...*
- **Mazmur 1:1-3** — *Orang itu seperti pohon yang ditanam di tepi aliran air...*

Pembacaan Kitab Suci (Bacalah Perlahan)
"Barangsiapa setia dalam hal yang kecil
, ia juga setia dalam hal yang besar."
— Lukas 16:10
Berhenti sejenak.
Perhatikan bahwa kesetiaan diukur **dari waktu ke waktu** , bukan dari momen-momen tertentu.

Renungan
Sebagian besar pembentukan terjadi secara tenang.
Bukan pada momen-momen penting, tetapi pada momen-momen yang berulang. Bukan melalui ketaatan yang dramatis, tetapi melalui keselarasan yang konsisten. Kitab Suci berulang kali menegaskan kebenaran ini: siapa kita akan menjadi lebih dibentuk oleh apa yang **sering kita lakukan** daripada apa yang **sesekali kita lakukan** .

Kita cenderung melebih-lebihkan kekuatan sebuah pilihan tunggal dan meremehkan kekuatan pengulangan.
Ketaatan, yang dipraktikkan secara konsisten, akan membentuk karakter. Tindakan-tindakan kecil, yang diulang setiap hari, akan membentuk pola yang pada akhirnya terasa alami. Inilah cara keselarasan tertanam dalam tubuh dan kemauan—bukan melalui intensitas, tetapi melalui kesetiaan.
Hari ke-33 mengajak Anda untuk melihat ritme Anda secara jujur.
Konsistensi menunjukkan kesetiaan.
Apa yang Anda ulangi mengungkapkan apa yang mengendalikan Anda. Seiring waktu, ketaatan yang berulang menstabilkan keinginan, membentuk kembali naluri, dan menguatkan respons. Inilah sebabnya mengapa Kitab Suci membandingkan orang yang beriman dengan pohon—berakar, dipelihara, dan teguh. Pertumbuhannya lambat, tetapi pasti.
Konsistensi juga melindungi kita dari rasa putus asa.
Ketika kita hanya mencari kemajuan dalam perubahan dramatis, kita melewatkan apa yang diam-diam terbentuk. Tuhan sering bekerja di balik layar, memperkuat akar sebelum menghasilkan buah. Pengulangan melatih kepercayaan. Hal itu memungkinkan ketaatan untuk bertahan lebih lama daripada emosi, motivasi, dan suasana hati.
Anda tidak membutuhkan ketaatan yang luar biasa hari ini.
Anda membutuhkan pengulangan yang setia.

Pemeriksaan Jantung
Renungkan pertanyaan-pertanyaan ini dengan tenang.

1. **Pilihan kecil apa yang paling sering Anda ulangi setiap hari?**
2. **Kebiasaan apa yang saat ini membentuk karakter Anda—baik disengaja maupun tidak disengaja?**
3. **Di mana Tuhan mungkin mengajak Anda untuk mempraktikkan kesetiaan yang tenang daripada perubahan yang dramatis?**

Latihan Hari Ini (Pengulangan dengan Setia)
Latihan hari ini adalah **sebuah tindakan yang diulang-ulang** .
Pilihlah **satu tindakan ketaatan kecil** yang dapat Anda ulangi setiap hari—doa, membaca Kitab Suci, kebaikan, pengendalian diri, rasa syukur.
Lakukan hari ini **juga tanpa basa-basi** .
Kemudian bertekadlah untuk mengulanginya besok.

Doa
Bapa,
ajari aku untuk menghargai kesetiaan daripada intensitas. Bantulah aku untuk mempercayai kekuatan tenang dari ketaatan yang diulang dari waktu ke waktu. Bentuklah karakterku melalui keselarasan yang mantap, dan kuatkan tekadku untuk tetap setia dalam hal-hal kecil. Aku mempersembahkan konsistensiku
kepada-Mu . Amin.

Pernyataan
Ucapkan ini dengan lantang:
Tuhan membentuk hidupku melalui pengulangan yang setia. Tindakan ketaatan kecil membentuk karakter yang abadi. Aku tetap teguh dalam keselarasan. Apa yang kuulangi mencerminkan kesetiaanku. Aku tumbuh berakar, sabar, dan setia.

Komitmen terhadap Ketaatan
Hari ini, saya berkomitmen untuk **kesetiaan yang konsisten** .
Saya memilih ketaatan yang berulang-ulang daripada intensitas yang sesekali.

Orientasi Penutup

Pembentukan karakter semakin mendalam melalui pengulangan.
Besok, kita akan membahas **bagaimana ketaatan terungkap melalui pengendalian diri—apa yang kita pilih untuk tidak lakukan** .

HARI KETIGA PULUH EMPAT

Ketaatan pada Pengekangan

Mengapa Apa yang Anda Tolak Sama Pentingnya dengan Apa yang Anda Pilih

Ayat-ayat Alkitab yang Menjadi Fokus Utama

- **Titus 2:11-12** — *Kasih karunia mengajarkan kita untuk mengatakan "Tidak" kepada kefasikan...*
- **Amsal 25:28** — *Seperti kota yang temboknya jebol, demikianlah orang yang kurang pengendalian diri.*
- **1 Korintus 6:12** — *"Aku mempunyai hak untuk melakukan apa saja," katamu—tetapi tidak semuanya bermanfaat.*

Pembacaan Kitab Suci (Bacalah Perlahan)
"Kasih karunia Allah... mengajarkan kita untuk berkata 'Tidak.'"
— Titus 2:12
Berhenti sejenak.
Perhatikan bahwa pengendalian diri bukanlah hukum—melainkan **hasil didikan kasih karunia** .

Renungan
Sebagian besar ketaatan bersifat tak terlihat.
Kita sering mengaitkan ketaatan dengan tindakan—berbicara, melayani, memilih, bergerak. Kitab Suci mengungkapkan bentuk lain yang lebih tenang dan sama berpengaruhnya: **pengendalian diri** . Ketaatan terkadang diungkapkan bukan melalui apa yang kita kejar, tetapi melalui apa yang kita tolak.
Pembatasan gerak melindungi formasi.
Tidak semua yang diperbolehkan itu bermanfaat. Tidak setiap kesempatan selaras. Tidak setiap dorongan hati layak untuk

diungkapkan. Kasih karunia mengajarkan kita kebijaksanaan—kebijaksanaan untuk mengatakan tidak tanpa rasa takut dan tanpa kesombongan.

Kepatuhan semacam ini jarang mendapat apresiasi. Tidak ada yang memuji apa yang tidak Anda katakan, argumen yang tidak Anda perbesar, kesempatan yang Anda tolak, dorongan yang Anda tahan. Padahal, momen-momen inilah yang membentuk karakter secara mendalam.

Hari ke-34 mengajak Anda untuk mengenali pengendalian diri sebagai kedewasaan spiritual.

Menahan diri bukanlah kelemahan.

Itu adalah kekuatan yang terkendali.

Ini mencerminkan kehidupan yang tidak lagi dikendalikan oleh dorongan atau tekanan, tetapi oleh keselarasan. Ketika kepatuhan telah tertanam dalam-dalam, pengendalian diri menjadi alami—bukan paksaan. Kita belajar untuk berhenti sejenak, membedakan, dan memilih diam atau menolak ketika keselarasan membutuhkannya.

Apa yang Anda tolak mengungkapkan apa yang mengendalikan Anda.

Seseorang yang tidak mampu mengatakan tidak bukanlah orang yang bebas. Seseorang yang dididik oleh kasih karunia tahu kapan pengendalian diri melindungi kedamaian, integritas, dan kasih. Ketaatan semacam ini menjaga kehidupan batin dan memelihara buah yang telah terbentuk.

Pemeriksaan Jantung

Renungkan pertanyaan-pertanyaan ini dengan tenang.

1. **Di mana Anda merasa paling sulit untuk menahan diri—dalam hal ucapan, reaksi, keinginan, atau kesempatan?**
2. **Ketakutan apa yang muncul ketika Anda mempertimbangkan untuk mengatakan tidak?**
3. **Bagaimana pengekangan dapat membantu penyelarasan daripada membatasinya?**

Praktik Hari Ini (Pengendalian Diri yang Disengaja)

Praktik hari ini adalah **penolakan yang disengaja** .
Luangkan waktu **sejenak hari ini untuk memperhatikan** saat Anda merasa ingin bereaksi, merespons segera, atau mengatakan ya secara otomatis.
Berhenti sejenak.
Pilihlah pengendalian diri.
Itu mungkin berupa keheningan.
Itu mungkin berupa penundaan. Itu mungkin berupa penolakan.
Biarkan keselarasan yang memimpin.

Doa
Bapa,
ajari aku ketaatan yang mencakup pengendalian diri. Bantulah aku mengenali kapan mengatakan tidak melindungi apa yang Engkau bentuk dalam diriku. Latih keinginan-keinginanku melalui kasih karunia, dan berikan aku hikmat untuk memilih keselarasan daripada dorongan impulsif. Aku mempercayakan kepada-Mu apa yang kulepaskan.
Amin.

Pernyataan
Ucapkan ini dengan lantang:
Kasih karunia Tuhan melatih pengendalian diri saya.
Saya tidak dikendalikan oleh dorongan hati. Ketaatan membentuk apa yang saya tolak dan juga apa yang saya pilih.
Saya bertindak dengan kebijaksanaan dan pengendalian diri.
Hidup saya dijaga oleh keselarasan.

Komitmen terhadap Ketaatan
Hari ini, saya berkomitmen untuk **menahan diri dengan penuh rahmat** .
Saya memilih keselarasan daripada impulsif dan kebijaksanaan daripada reaksi.

Orientasi Penutup
Pembatasan gerak melindungi formasi.

Besok, kita akan membahas **bagaimana ketaatan terungkap melalui pengampunan—terutama ketika hal itu membutuhkan pengorbanan** .

HARI KETIGA PULUH LIMA

Biaya Pengampunan

Mengapa Ketaatan Terkadang Membutuhkan Pelepasan Tanpa Penyelesaian

Ayat-ayat Alkitab yang Menjadi Fokus Utama

- **Matius 18:21-22** — *Berapa kali Aku harus mengampuni?*
- **Efesus 4:31-32** — *Saling mengampuni, seperti Allah dalam Kristus telah mengampuni kamu.*
- **Roma 12:19** — *Janganlah kamu membalas dendam…*

Pembacaan Kitab Suci (Bacalah Perlahan)
"Ampunilah seperti Tuhan telah mengampuni kamu."
— Efesus 4:32
Berhenti sejenak.
Perhatikan standarnya—bukan keadilan, tetapi Kristus.

Renungan
Pengampunan adalah salah satu tindakan ketaatan yang paling disalahpahami.
Kita sering memperlakukan pengampunan sebagai penyelesaian emosional—menunggu sampai rasa sakit mereda, kepercayaan dipulihkan, atau keadilan terasa lengkap.
Kitab Suci mendefinisikan pengampunan secara berbeda.
Pengampunan adalah tindakan ketaatan yang **melepaskan hak untuk mengendalikan hasil** .
Pengampunan tidak menyangkal kesalahan.
Pengampunan tidak membenarkan ketidakadilan.
Pengampunan tidak mensyaratkan rekonsiliasi.
Hal itu melepaskan kepemilikan atas penilaian.
Hal ini membuat pengampunan menjadi mahal.

Memaafkan berarti melepaskan kekuatan untuk melawan. Memaafkan berarti menolak untuk menggunakan kenangan sebagai senjata. Memaafkan berarti mempercayakan kepada Tuhan apa yang tidak dapat kita selesaikan sendiri. Ketaatan semacam ini pada awalnya tidak terasa membebaskan—melainkan terasa seperti kehilangan.

Namun Kitab Suci menegaskan bahwa itulah jalan menuju kebebasan.

Hari ke-35 mengajak Anda untuk melihat pengampunan bukan sebagai sesuatu yang Anda rasa siap untuk menerimanya, tetapi sebagai sesuatu yang mungkin Anda dipanggil untuk **memilihnya** . Pengampunan bukanlah persetujuan dengan apa yang terjadi. Itu adalah keselarasan dengan karakter Tuhan dalam menghadapi apa yang terjadi.

Ketaatan di sini bersifat tenang dan tak terlihat.

Tidak ada yang memuji pengampunan ketika hal itu mengorbankan martabat, harga diri, atau ilusi kendali. Namun di sinilah pembentukan karakter menjadi lebih dalam. Pengampunan memutus siklus kebencian yang tidak dapat dicapai oleh kepatuhan di tempat lain.

Pengampunan bukanlah melupakan.

Itu adalah melepaskan hak untuk membalas dendam.

Ketaatan ini sering diulang—bukan hanya sekali, tetapi berkali-kali. Pengampunan mungkin perlu dipilih lagi dan lagi, terutama ketika ingatan muncul kembali. Setiap pilihan melepaskan sedikit lebih banyak kendali dan mengembalikan sedikit lebih banyak kedamaian.

Pemeriksaan Jantung

Renungkan pertanyaan-pertanyaan ini dengan tenang.

1. **Di mana Anda menyamakan pengampunan dengan kesiapan emosional?**
2. **Siapa atau apa yang mungkin Tuhan ajak Anda lepaskan—bukan selesaikan—saat ini?**
3. **Kendali apa yang masih Anda pegang sehingga pengampunan mengharuskan Anda untuk melepaskannya?**

Praktik Hari Ini (Pelepasan Tanpa Resolusi)
Latihan hari ini adalah **pelepasan yang disengaja** .
Bawalah **satu pelanggaran yang belum terselesaikan** di hadapan Tuhan—kecil atau besar.
Berdoalah dengan jujur:
"Tuhan, aku melepaskan hakku untuk mengendalikan ini."
Jangan memaksakan perasaan.
Jangan terburu-buru meraih kedamaian.
Lepaskan saja.

Doa
Bapa,
Engkau melihat harga pengampunan. Engkau tahu di mana ketaatan terasa berat. Ajari aku untuk melepaskan kendali tanpa kepahitan dan untuk mempercayakan kepada-Mu apa yang tidak dapat kuperbaiki. Aku memilih pengampunan sebagai penyelarasan, bukan sebagai penyangkalan. Amin.

Pernyataan
Ucapkan ini dengan lantang:
Aku mengampuni seperti Kristus mengampuni aku. Ketaatan membebaskan dari kendali. Aku menolak kepahitan dan pembalasan. Tuhan adalah pembela dan hakimku. Aku berjalan dalam kebebasan melalui pengampunan.

Komitmen terhadap Ketaatan
Hari ini, saya berkomitmen untuk **pengampunan yang taat** . Saya melepaskan hak saya untuk mengendalikan hasil dan mempercayakan keadilan dan penyembuhan kepada Tuhan.

Orientasi Penutup
Pengampunan membebaskan jiwa.
Besok, kita akan membahas **bagaimana ketaatan terungkap melalui kerendahan hati—terutama ketika kesombongan terasa dibenarkan** .

HARI KETIGA PULUH ENAM

Ketaatan Kerendahan Hati

Mengapa Melepaskan Kesombongan Melindungi Pembentukan

Ayat-ayat Alkitab yang Menjadi Fokus Utama

- **Filipi 2:5-8** — *Ia merendahkan diri-Nya dengan taat sampai mati...*
- **Yakobus 4:6** — *Allah menentang orang yang sombong, tetapi menunjukkan kasih karunia kepada orang yang rendah hati.*
- **Amsal 11:2** — *Asal kesombongan adalah kehinaan, tetapi dengan kerendahan hati datanglah hikmat.*

Pembacaan Kitab Suci (Bacalah Perlahan)
"Ia merendahkan diri-Nya
dengan menjadi taat..."
— Filipi 2:8
Berhenti sejenak.
Perhatikan bahwa kerendahan hati itu **dipilih** , bukan diasumsikan.

Renungan
Kerendahan hati sering disalahpahami sebagai sikap meremehkan diri sendiri.
Kitab Suci mendefinisikan kerendahan hati secara berbeda.
Kerendahan hati bukanlah penghapusan diri; melainkan **kebebasan dari perlindungan diri** . Itu adalah ketaatan yang tidak lagi perlu menegaskan, membela, atau mendominasi agar merasa aman.
Kesombongan menolak kepatuhan secara halus.

Kesombongan tidak selalu terlihat angkuh. Seringkali muncul sebagai pembenaran— *aku pantas mendapatkan ini* , *aku benar* , *mereka seharusnya lebih tahu* . Kesombongan menuntut untuk dilihat, divalidasi, atau dibuktikan kebenarannya. Kerendahan hati melepaskan tuntutan itu.

Ini mahal.

Kerendahan hati meminta kita untuk melepaskan hak untuk dipahami, dipuji, atau dibenarkan. Ia tidak menyangkal kebenaran; ia mempercayakan pembelaannya kepada Tuhan. Sikap ini terasa berisiko karena menghilangkan strategi kontrol kita yang biasa.

Namun Kitab Suci dengan jelas menyatakan: kerendahan hati mendatangkan rahmat.

Di mana kesombongan menghambat ketaatan, kerendahan hati memperkuatnya. Ia menciptakan ruang untuk koreksi tanpa kehancuran, untuk pelayanan tanpa rasa dendam, untuk ketaatan tanpa kinerja.

Hari ke-36 mengajak Anda untuk meneliti di mana kesombongan mungkin diam-diam menghambat pembentukan diri.

Kesombongan sering bersembunyi di balik kompetensi. Kerendahan hati terletak pada keselarasan.

Yesus tidak merendahkan diri-Nya karena Dia lemah. Dia merendahkan diri-Nya karena Dia merasa aman. Ketaatan-Nya mengalir dari identitas-Nya, bukan dari rasa tidak aman.

Inilah kerendahan hati yang Alkitab serukan kepada kita— bukan mundur, tetapi melepaskan keegoisan.

Kerendahan hati tidak mengurangi nilai dirimu.

Justru membebaskanmu.

Pemeriksaan Jantung

Renungkan pertanyaan-pertanyaan ini dengan tenang.

1. **Di bagian mana Anda merasa paling tergoda untuk membela diri atau membuktikan kemampuan Anda?**
2. **Situasi apa saja yang memicu kesombongan yang disamarkan sebagai pembenaran?**

3. **Bagaimana kerendahan hati dapat melindungi ketaatan di musim kehidupan Anda saat ini?**

Latihan Hari Ini (Kerendahan Hati yang Dipilih)
Praktik saat ini adalah **penyelarasan yang tidak ditegaskan**
.
Perhatikan **satu momen hari ini** di mana Anda merasa ingin:

- Mengoreksi seseorang
- Pertahankan posisi Anda
- Pastikan Anda terlihat atau diberi kredit.

Berhentilah sejenak.
Pilihlah kerendahan hati.
Anda boleh tetap diam.
Anda boleh membiarkan Tuhan membela kebenaran pada waktunya.

Doa
Bapa,
ajari aku kerendahan hati yang melepaskan kendali. Bebaskan aku dari kebutuhan untuk membela diri dan bantulah aku mempercayakan reputasiku kepada -Mu .
Bentuklah dalam diriku kerendahan hati Kristus—aman, taat, dan bebas. Aku memilih keselarasan daripada kesombongan.
Amin.

Pernyataan
Ucapkan ini dengan lantang:
Aku berjalan dalam kerendahan hati Kristus.
Ketaatan membebaskanku dari kebutuhan akan pembelaan diri. Tuhan menentang kesombongan dan memberikan kasih karunia kepada orang yang rendah hati. Aku mempercayakan reputasiku kepada Tuhan. Kerendahan hati memperkuat ketaatanku.

Komitmen terhadap Ketaatan
Hari ini, saya berkomitmen untuk **taat dengan rendah hati** .
Saya melepaskan kesombongan, pembenaran, dan

perlindungan diri, dan memilih keselarasan yang berakar pada kepercayaan.

Orientasi Penutup

Kerendahan hati melindungi pembentukan.

Besok, kita akan mengeksplorasi **bagaimana ketaatan terungkap melalui ketekunan—ketika ketaatan terasa panjang dan tak terlihat** .

HARI KETIGA PULUH TUJUH

Ketika Ketaatan Harus Bertahan

Mengapa Ketekunan Adalah Tanda Kedewasaan yang Diam-diam

Ayat-ayat Alkitab yang Menjadi Fokus Utama

- **Ibrani 10:36** — *Kamu perlu bertekun, supaya setelah kamu melakukan kehendak Allah, kamu akan menerima apa yang telah dijanjikan-Nya.*
- **Yakobus 5:7-8** — *Bersabarlah... teguhkanlah hatimu.*
- **Galatia 6:9** — *Janganlah kita jemu-jemu berbuat baik...*

Pembacaan Kitab Suci (Bacalah Perlahan)
"Kamu harus tekun
, supaya setelah kamu melakukan kehendak Allah, kamu akan menerima apa yang telah dijanjikan-Nya."
— Ibrani 10:36
Berhenti sejenak.
Perhatikan bahwa ketekunan mengikuti ketaatan—bukan mendahuluinya.

Renungan
Beberapa bentuk kepatuhan bersifat singkat.
Yang lainnya membutuhkan **daya tahan** .
Ketekunan adalah ketaatan yang berlangsung dalam jangka waktu lama—kesetiaan yang berlanjut tanpa imbalan yang terlihat, penguatan emosional, atau konfirmasi eksternal. Ini adalah salah satu tanda kedewasaan spiritual yang paling jelas, justru karena jarang dramatis.
Kebanyakan orang bisa taat untuk sementara waktu.
Hanya sedikit yang belajar untuk tetap setia secara konsisten.
Ketekunan menguji motivasi.

Ketika ketaatan didorong oleh hal-hal baru, momentum akan membawanya untuk sementara waktu. Ketika hal baru memudar dan momentum melambat , ketekunan akan mengungkapkan apakah ketaatan berakar pada keselarasan atau emosi. Di sinilah banyak orang percaya diam-diam melepaskan diri—bukan karena pemberontakan, tetapi karena kelelahan.

Kitab Suci berbicara langsung tentang momen ini: *Janganlah jemu-jemu berbuat baik.*

Rasa lelah bukan berarti ketaatan itu salah.

Seringkali, itu berarti ketaatan telah berlangsung lama.

Hari ke-37 mengajak Anda untuk menghargai kesetiaan yang terasa biasa dan tak terlihat. Tuhan tidak mengukur ketaatan hanya berdasarkan intensitasnya saja. Dia menghargai ketekunan—kesediaan untuk tetap selaras ketika perjalanan terasa berulang atau sepi.

Ketekunan bukanlah keras kepala.

Itu adalah kepercayaan yang diberikan dari waktu ke waktu.

Bunyinya: *Aku akan terus melanjutkan meskipun kejelasan tertunda.*

Aku akan tetap setia meskipun penegasan tidak ada.

Aku akan mempercayai janji-janji Tuhan tanpa membutuhkan bukti langsung.

Kepatuhan semacam ini membentuk kedalaman.

Ketekunan membentuk karakter dan tidak dapat terburu-buru. Ia menstabilkan karakter, menancapkan harapan, dan melindungi ketaatan dari kehancuran ketika keadaan berubah.

Pemeriksaan Jantung

Renungkan pertanyaan-pertanyaan ini dengan tenang.

1. **Di bagian mana Anda merasa lelah dalam ketaatan Anda saat ini?**
2. **Apa yang membuat Anda tergoda untuk menarik diri—bukan dengan lantang, tetapi dengan tenang?**

3. **Mungkinkah ketekunan itu sendiri merupakan pekerjaan yang sedang Tuhan lakukan di musim ini?**

Latihan Hari Ini (Kesetiaan yang Abadi)
Praktik saat ini adalah **ketaatan yang berkelanjutan** .
Pilihlah **satu tindakan ketaatan** yang telah Anda praktikkan dengan setia—bahkan ketika terasa berulang atau tidak disadari.
Lakukan lagi hari ini.
Bukan dengan antusiasme.
Tapi dengan tekad.

Doa
Bapa,
kuatkanlah aku ketika ketaatan terasa berat. Lindungilah aku dari kelelahan yang diam-diam menarikku menjauh. Bantulah aku tetap setia ketika hasil tertunda dan dorongan semangat langka. Aku percaya bahwa Engkau melihat apa yang tak terlihat dan menghargai apa yang kekal. Amin.

Pernyataan
Ucapkan ini dengan lantang:
Aku tekun dalam ketaatan.
Tuhan menguatkanku ketika kesetiaan terasa berat. Aku tidak menjadi lelah dalam berbuat baik. Ketekunanku membentuk kedewasaan. Aku tetap teguh sampai Tuhan menyelesaikan pekerjaan-Nya.

Komitmen terhadap Ketaatan
Hari ini, saya berkomitmen untuk **taat sepenuhnya** .
Saya memilih kesetiaan daripada kelelahan dan mempercayakan waktu berbuahnya kepada Tuhan.

Orientasi Penutup
Ketekunan mendatangkan ketaatan
di tempat yang tidak mampu dicapai oleh emosi.

Besok, kita akan mengeksplorasi **bagaimana ketaatan membentuk kembali hubungan kita dengan harapan untuk orang lain—bukan hanya untuk diri kita sendiri** .

HARI KETIGA PULUH DELAPAN

Ketaatan yang Membawa Orang Lain

Mengapa Formasi Selalu Meluas Melampaui Diri Anda

Ayat-ayat Alkitab yang Menjadi Fokus Utama

- **Galatia 6:2** — *Pikullah beban satu sama lain, dan dengan cara itu kamu akan menggenapi hukum Kristus.*
- **Roma 15:1** — *Kita yang kuat harus menanggung kelemahan orang yang lemah.*
- **Kolose 1:9-10** — *Kami senantiasa memohon kepada Allah agar Dia memenuhi kamu dengan pengetahuan tentang kehendak-Nya...*

Pembacaan Kitab Suci (Bacalah Perlahan)
"Pikullah beban satu sama lain,
dan dengan cara itu kamu akan menggenapi hukum Kristus."
— Galatia 6:2
Berhenti sejenak.
Perhatikan bahwa kedewasaan terwujud melalui **tanggung jawab terhadap orang lain** .

Renungan
Pembentukan tidak pernah dimaksudkan untuk berakhir pada diri sendiri.
Seiring kedewasaan ketaatan, arahnya berubah. Apa yang dimulai sebagai penyesuaian pribadi berkembang menjadi kepedulian, kesabaran, doa, dan ketahanan **terhadap orang lain** . Ini bukan karena orang lain menjadi tanggung jawab

kita untuk diperbaiki, tetapi karena kasih membentuk kembali sikap kita terhadap mereka.

Ketaatan yang hanya berpusat di dalam diri pada akhirnya akan mengalami stagnasi.

Ketaatan yang berpusat di luar diri akan berlipat ganda.

Hari ke-38 mengajak Anda untuk menyadari perubahan yang tenang: saat Tuhan menstabilkan hidup Anda, Dia juga memperluas kapasitas Anda untuk menolong orang lain—bukan dengan solusi, tetapi dengan kehadiran. Bukan dengan kendali, tetapi dengan belas kasih.

Membawa orang lain bukan berarti menanggung beban mereka.

Itu berarti berjalan di samping mereka dengan setia.

Ketaatan semacam ini membutuhkan kesabaran. Ia menolak penghakiman. Ia tidak terburu-buru dalam pertumbuhan atau menuntut perubahan. Ia percaya bahwa Tuhan sedang bekerja dalam diri orang lain sama seperti Dia telah bekerja dalam diri Anda—seringkali perlahan, seringkali tak terlihat.

Kepatuhan yang matang menciptakan ruang.

Ruang bagi orang-orang untuk berjuang tanpa diremehkan. Ruang bagi kelemahan tanpa penghakiman. Ruang bagi harapan untuk tumbuh tanpa tekanan.

Inilah sebabnya mengapa Kitab Suci menghubungkan ketaatan dengan doa bagi orang lain. Doa syafaat adalah ketaatan yang diwujudkan melalui kasih. Doa syafaat mengakui bahwa transformasi adalah hak Allah, bukan kita.

Hari ke-38 mengalihkan pertanyaan dari *"Bagaimana saya dibentuk?"* menjadi

"Siapa yang mungkin Tuhan undang saya untuk pimpin dengan penuh rahmat?"

Pemeriksaan Jantung

Renungkan pertanyaan-pertanyaan ini dengan tenang.

1. **Siapa yang terlintas dalam pikiran Anda ketika Anda memikirkan seseorang yang membutuhkan kesabaran atau doa?**

2. **Kapan Anda pernah merasa tergoda untuk menarik diri daripada membantu orang lain?**
3. **Bagaimana ketaatan dapat terwujud melalui belas kasih dan bukan melalui koreksi?**

Latihan Hari Ini (Ketaatan Melalui Doa Syafaat)
Praktik hari ini adalah **doa yang dipanjatkan dengan sengaja untuk orang lain** .
Pilihlah **satu orang** —seseorang yang sedang berjuang, menjauh, atau sulit.
Berdoalah untuk mereka **tanpa agenda tersembunyi** :

- Tidak untuk diubah
- Tidak untuk resolusi
- Semata-mata karena kehadiran dan kasih karunia Tuhan dalam hidup mereka

Bawalah mereka dengan tenang hari ini.

Doa
Bapa,
terima kasih karena Engkau telah memperluas ketaatanku melampaui diriku sendiri. Ajari aku untuk membimbing orang lain dengan kerendahan hati dan kasih karunia. Bebaskan aku dari penghakiman dan kendali, dan bentuklah belas kasihan yang mencerminkan hati-Mu. Aku percaya Engkau akan bekerja dalam diri orang lain seperti Engkau telah bekerja dalam diriku.
Amin.

Pernyataan
Ucapkan ini dengan lantang:
Ketaatanku membawa belas kasih kepada sesama.
Aku memikul beban dengan sabar dan penuh rahmat. Tuhan bekerja melalui doa dan kehadiranku. Aku berjalan bersama orang lain tanpa menghakimi. Kasih memperluas apa yang telah dibentuk oleh ketaatan.

Komitmen terhadap Ketaatan

Hari ini, saya berkomitmen untuk **ketaatan yang berorientasi keluar** .
Saya memilih belas kasih daripada penarikan diri dan doa daripada pengendalian.

Orientasi Penutup
Kepatuhan meluas seiring bertambahnya usia.
Besok, kita akan membahas **bagaimana ketaatan mempersiapkan kita untuk melepaskan kendali sepenuhnya—ke tangan Tuhan** .

HARI KETIGA PULUH SEMBILAN

Ketaatan Pembebasan

Ketika Iman Menyerahkan Hasil Akhir Sepenuhnya ke Tangan Tuhan

Ayat-ayat Alkitab yang Menjadi Fokus Utama

- **Mazmur 37:5** — *Serahkanlah jalanmu kepada Tuhan; percayalah kepada-Nya, maka Ia akan bertindak.*
- **Matius 16:24-25** — *Barangsiapa kehilangan nyawanya karena Aku, ia akan mendapatkannya kembali.*
- **1 Petrus 5:6-7** — *Rendahkanlah dirimu... serahkanlah segala kekhawatiranmu kepada-Nya.*

Pembacaan Kitab Suci (Bacalah Perlahan)
"Serahkanlah segala urusanmu kepada Tuhan;
percayalah kepada-Nya, maka Ia akan bertindak."
— Mazmur 37:5
Berhenti sejenak.
Perhatikan urutannya: **komitmen → kepercayaan → pelepasan** .

Renungan
Sebagian besar ketaatan adalah tentang memilih.
Hari ke-39 adalah tentang **melepaskan** .
Ada titik dalam pembentukan di mana usaha tidak lagi memperdalam keselarasan. Berusaha lebih keras tidak menghasilkan kedamaian. Mendorong lebih jauh tidak membawa kejelasan. Ketaatan mencapai kematangannya ketika belajar bagaimana **melepaskan** .

Pelepasan bukanlah pengabaian.
Itu adalah kepercayaan tanpa paksaan.
Kita sering kali taat sambil diam-diam mengatur hasil—berharap dapat memengaruhi hasil, jadwal, atau respons. Kita mengikuti Tuhan, tetapi tetap memegang kendali dengan satu tangan. Hari ke-39 mengajak Anda untuk memperhatikan apa yang masih Anda pegang.
Pelepasan adalah salah satu bentuk kepatuhan yang paling sulit karena menghilangkan jaring pengaman terakhir kita. Artinya, mempercayakan Tuhan bukan hanya pada arahan, tetapi juga pada konsekuensinya. Artinya, melepaskan kebutuhan untuk memahami bagaimana ketaatan akan dihargai atau diakui. Artinya, beristirahat dalam kesetiaan bahkan ketika hasilnya tidak terlihat.
Pelepasan bukan berarti pasif.
Itu berarti melepaskan kepemilikan atas hasil akhir.
Sikap ini mencerminkan kedewasaan yang mendalam. Ini menggemakan doa Kristus sendiri: *"Bukan kehendakku, melainkan kehendak-Mu yang terjadi."* Ketaatan berpuncak bukan pada kepastian, tetapi pada penyerahan diri.
Hari ke-39 mengajukan pertanyaan yang lembut namun mendalam:
Bisakah kamu patuh tanpa perlu mengetahui apa yang akan terjadi selanjutnya?
Di sinilah kedamaian mulai bersemayam—bukan karena semuanya terselesaikan, tetapi karena kepercayaan telah menggantikan kendali. Pelepasan memungkinkan Tuhan untuk bekerja tanpa campur tangan. Hal itu menciptakan ruang bagi kasih karunia untuk bergerak dengan bebas.

Pemeriksaan Jantung

Renungkan pertanyaan-pertanyaan ini dengan tenang.

1. **Hasil apa yang masih Anda coba capai?**
2. **Di bagian mana Anda merasa cemas tentang apa yang mungkin dikorbankan atau dihasilkan dari kepatuhan?**

3. **Seperti apa jadinya jika kita menyerahkan semuanya sepenuhnya ke tangan Tuhan?**

Latihan Hari Ini (Pelepasan yang Disengaja)
Praktik hari ini **disebut penyerahan diri** .
Identifikasi **satu kekhawatiran, hasil, atau pertanyaan masa depan spesifik** yang selama ini Anda pikirkan.
Sebutkanlah di hadapan Tuhan.
Kemudian berdoalah:
"Tuhan, aku menyerahkan ini kepada-Mu.
Aku mempercayakan hasilnya kepada-Mu."
Jangan mengunjunginya lagi hari ini.

Doa
Bapa,
ajari aku ketaatan yang tahu kapan harus melepaskan.
Bebaskan aku dari mengelola apa yang menjadi milik-Mu.
Bantulah aku untuk percaya kepada -Mu melampaui pemahaman,
melampaui batasan waktu, melampaui hasil. Aku menyerahkan hidupku, masa depanku, dan kesetiaanku ke dalam tangan-Mu. Amin.

Pernyataan
Ucapkan ini dengan lantang:
Aku melepaskan kendali dan sepenuhnya mempercayai Tuhan.
Ketaatan tidak mengharuskan kepemilikan atas hasil. Tuhan setia dengan apa yang kuserahkan. Aku berjalan dalam damai, bukan kecemasan. Hidupku berada di tangan Tuhan.

Komitmen terhadap Ketaatan
Hari ini, saya berkomitmen untuk **melepaskan diri secara taat** .
Saya menyerahkan hasil, waktu, dan keberhasilan kepada pemeliharaan Tuhan.

Orientasi Penutup
Besok bukanlah sebuah kesimpulan.
Ini adalah sebuah **penugasan** .
Hari ke-40 tidak akan meminta Anda untuk berbuat lebih banyak.
Hari itu akan mengajak Anda untuk **hidup dari apa yang telah terbentuk** .

HARI KEEMPAT PULUH

Diutus sebagai Surat yang Hidup

Ketika Formasi Menjadi Saksi

Ayat-ayat Alkitab yang Menjadi Fokus Utama

- **2 Korintus 3:2-3** — *Kamu adalah surat dari Kristus… yang ditulis oleh Roh Allah yang hidup.*
- **Matius 5:16** — *Biarlah terangmu bersinar di hadapan orang lain…*
- **Yohanes 20:21** — *Seperti Bapa telah mengutus Aku, demikian juga Aku mengutus kamu.*

Pembacaan Kitab Suci (Bacalah Perlahan)

"Kamu sendirilah surat kami,
yang tertulis di dalam hati kami, yang dikenal dan dibaca oleh semua orang."
— 2 Korintus 3:2
Berhenti sejenak.
Perhatikan bahwa surat itu **tidak disegel** .
Surat itu **dibaca setiap hari** .

Renungan

Ini bukanlah akhir.
Inilah titik di mana membaca menjadi hidup.
Selama empat puluh hari, Anda telah membiarkan kebenaran menantang, menyelaraskan, memurnikan, dan membebaskan Anda. Anda telah meneliti ketaatan bukan sebagai kinerja, tetapi sebagai sikap. Anda telah melihat bahwa iman menjadi matang melalui pengendalian diri, pengampunan, kerendahan hati, ketekunan, belas kasih, dan penyerahan diri.
Sekarang tibalah pertanyaan tenang yang selalu diajukan Kitab Suci di akhir:

Apa yang akan Anda baca selanjutnya dalam hidup Anda?

Tuhan tidak menyelesaikan pekerjaan-Nya dalam dirimu dengan menutup sebuah buku.

Dia menyelesaikannya dengan **mengirimmu kembali ke kehidupan biasa—dengan perubahan** .

Surat yang hidup tidak ditulis untuk dikagumi.

Surat itu ditulis untuk menjadi saksi.

Nada bicaramu saat berkomunikasi.

Kesabaranmu di bawah tekanan. Sikapmu yang terkendali saat diprovokasi. Pengampunanmu saat diperlakukan tidak adil.

Kesetiaanmu saat tak terlihat.

Inilah halaman-halaman yang dibaca dunia.

Anda tidak ditugaskan untuk menjelaskan Kristus secara menyeluruh.

Anda ditugaskan untuk **mewujudkan Dia dengan setia** .

Ini tidak memerlukan platform.

Ini memerlukan penyelarasan.

Roh Kudus menulis melalui kehidupan yang diserahkan dari waktu ke waktu. Melalui konsistensi lebih daripada intensitas. Melalui ketaatan lebih daripada artikulasi. Melalui kasih yang tetap teguh ketika keadaan berubah-ubah.

Hari ke-40 tidak mengirimmu pergi dengan tergesa-gesa.

Hari ini mengirimmu pergi dengan **kejelasan** .

Anda tidak akan menjadi sesuatu yang baru besok.

Anda melanjutkan apa yang telah dimulai.

Pemeriksaan Jantung Akhir

Renungkan pertanyaan-pertanyaan ini dengan perlahan.

1. **Apa yang telah berubah dalam diri Anda selama empat puluh hari ini?**
2. **Di bagian mana Anda merasakan Tuhan mengajak Anda untuk hidup lebih penuh perhatian?**
3. **Bagian mana dari kehidupan sehari-hari Anda yang kini terasa lebih bermakna?**

Praktik Hari Ini (Hunian Berbasis Komisi)
Praktik hari ini adalah **perwujudan yang disengaja** .
Pilih satu sikap sederhana untuk terus dilakukan:

- perhatian
- pengekangan
- kesabaran
- kerendahhatian
- kesetiaan

Jangan umumkan.
Jangan ukur.
Jalani saja.

Doa Pengutusan
Bapa,
terima kasih atas karya yang telah Engkau lakukan di dalam diriku. Kupersembahkan hidupku kepada-Mu—bukan sebagai pertunjukan, tetapi sebagai saksi hidup akan kasih karunia-Mu. Utuslah aku ke tempat-tempat biasa dengan kesetiaan yang tenang. Biarlah hidupku mencerminkan Kristus dengan jelas, konsisten, dan jujur. Aku menerima pengutusan-Mu. Amin.

Deklarasi Akhir
Ucapkan ini dengan lantang:
Aku adalah surat hidup Kristus.
Roh Allah menulis melalui ketaatanku. Aku hidup dengan kejernihan, kesetiaan, dan kerendahan hati. Hidupku menjadi saksi kebenaran. Aku diutus.

Komitmen Akhir
Saya berkomitmen untuk **menjalani hidup sesuai dengan apa yang telah dibentuk** .
Saya tidak akan terburu-buru melewati ketaatan atau mereduksi iman menjadi ide-ide semata. Saya mempersembahkan hidup saya sebagai kesaksian Kristus yang dapat dibaca.

Kata Penutup
Anda belum menyelesaikan program.
Anda baru memasuki sebuah posisi.
Bacalah perlahan.
Patuhilah dengan tenang. Hiduplah dengan jelas.
Dunia sedang membaca.
— *Surat-surat Hidup*

KESIMPULAN

Ketika Pembacaan Berakhir, Penulisan Berlanjut

Buku ini memang tidak pernah dimaksudkan untuk diselesaikan dalam arti yang biasa.
Itu dimaksudkan untuk **menyelesaikan sesuatu dalam dirimu** —dan kemudian memulai sesuatu melalui dirimu.
Anda tidak hanya menjalani empat puluh hari refleksi. Anda telah diundang untuk memasuki suatu sikap: cara memandang ketaatan bukan sebagai kewajiban, tetapi sebagai keselarasan; bukan sebagai pertunjukan, tetapi sebagai pembentukan; bukan sebagai informasi, tetapi sebagai perwujudan.
Dari kehidupan dan kesaksian CS Lewis, Anda telah melihat bahwa keyakinan saja tidak mengubah seseorang. Pemahaman tidak secara otomatis menghasilkan ketaatan. Bahkan ketulusan pun tidak dapat menggantikan penyerahan diri.
Transformasi terjadi ketika kebenaran berpindah dari pikiran ke kehendak—dan dari kehendak ke kehidupan sehari-hari.
Inilah keajaiban pembentukan yang sunyi.
Anda telah menelusuri perjalanan dari keengganan menuju penyerahan diri, dari kekaguman menuju ketaatan, dari pergumulan batin menuju kesaksian lahiriah. Di sepanjang jalan, Anda telah menghadapi pertanyaan-pertanyaan yang tidak dapat dijawab dengan cepat, praktik-praktik yang membutuhkan pengendalian diri, dan momen-momen yang meminta Anda untuk percaya tanpa kendali.
Itu disengaja.
Karena Tuhan tidak menulis karya-Nya yang paling jelas melalui kecepatan.
Dia menulis melalui kesetiaan.
Surat yang hidup tidak dihasilkan dalam sekejap. Surat itu ditulis baris demi baris—melalui ketaatan yang berulang,

penyerahan diri yang tenang, ketekunan yang tak terlihat, dan kasih yang dipraktikkan di ruang-ruang biasa. Surat itu dibaca bukan oleh mereka yang mengagumi kita, tetapi oleh mereka yang hidup berdampingan dengan kita.

Hidupmu kini adalah teksnya.

Bukan yang sempurna.

Bukan yang sudah selesai. Tapi yang jujur.

Anda tidak dikirim sebagai ahli.

Anda dikirim sebagai saksi.

Anda tidak ditugaskan untuk menjelaskan segalanya.

Anda ditugaskan untuk **hidup dengan jelas** .

Roh Allah terus menulis—bukan dengan tinta, bukan dengan perdebatan, bukan dengan kebisingan—tetapi melalui tanggapanmu di bawah tekanan, pengendalian dirimu saat diprovokasi, pengampunanmu saat dianiaya, kerendahan hatimu saat tak terlihat, dan kesetiaanmu saat ketaatan terasa berat.

Inilah cara Kristus dinyatakan secara nyata.

Saat Anda menutup buku ini, lawan godaan untuk terlalu cepat beralih. Jangan mencari program berikutnya, suara berikutnya, atau wawasan berikutnya untuk menggantikan apa yang telah dimulai. Biarkan apa yang telah terbentuk berakar. Biarkan ketaatan menjadi kebiasaan. Biarkan kesetiaan menjadi hal yang biasa dan mantap.

Bacalah perlahan.

Patuhilah dengan tenang. Hiduplah dengan jelas.

Dunia masih membaca.

Dan sang penulis masih terus menulis.

AJAKAN UNTUK BERTINDAK

Kemitraan untuk Panen

Saat Anda menutup buku ini, kami mengajak Anda untuk melanjutkan perjalanan selangkah lebih jauh—tidak hanya dalam hidup Anda sendiri, tetapi juga dalam kehidupan banyak jiwa di seluruh dunia.

Jika pesan-pesan dari God's Eagle Ministries (GEM) telah menguatkan, membangkitkan, atau menyelaraskan kembali hati Anda, kami dengan rendah hati meminta Anda untuk mempertimbangkan dengan penuh doa untuk **bermitra dengan kami demi panen jiwa** . Dunia haus akan kebenaran, harapan, dan suara Roh Kudus yang lembut namun tak salah lagi, dan bersama-sama kita dapat menyampaikan pesan-pesan ini di tempat yang paling membutuhkannya.

Kami percaya media lebih dari sekadar teknologi—media adalah **jaring spiritual** yang ditebar jauh ke dalam bangsa, desa, kota, dan tempat-tempat tersembunyi. Melalui film, video, radio, dan pelayanan digital, GEM menjangkau orang-orang yang mungkin tidak pernah masuk gereja, tetapi hati mereka terbuka lebar untuk bertemu dengan Kristus yang hidup.

Kemitraan Anda membantu kami:

1. Menghasilkan Konten Film & Video yang Dipenuhi Roh Kudus

Kisah dan ajaran yang menyembuhkan, menginspirasi, dan mengungkapkan kasih Yesus dengan cara yang jelas, mudah dipahami, dan mengubah hidup.

2. Siarkan Injil melalui Radio

Menyampaikan Firman Tuhan ke penjara, rumah sakit, komunitas pedesaan, dan tempat-tempat yang jauh dari jangkauan internet—di mana harapan langka dan kebenaran sangat berharga.

3. Memperluas Kampanye Pengajaran & Pemuridan Kita Melalui Media Sosial
Renungan harian, doa, dan pengajaran yang memperkuat orang percaya, memulihkan keluarga, dan memperlengkapi murid-murid di seluruh dunia.

Mengapa Dukungan Anda Penting

Setiap pesan yang disampaikan menjadi benih terang. Setiap pengajaran menjadi gelombang transformasi. Setiap tindakan kemurahan hati menjadi bagian dari panen global Tuhan.
Pemberian Anda membantu pelayanan ini menjangkau jiwa-jiwa yang mungkin tidak pernah kita temui di bumi, tetapi pasti akan kita temui di kekekalan. Tidak ada jumlah tetap—berikanlah hanya sesuai dengan tuntunan Tuhan. Setiap pemberian, besar atau kecil, berperan dalam memajukan Kerajaan Allah.

Untuk Bermitra atau Memberi Sumbangan:
PayPal:
https://www.paypal.com/ncp/payment/D6NEFW56KG8LU
Tithe.ly:
https://tithe.ly/give?c=308311

Flutterwave –
https://flutterwave.com/donate/bbkpkokehxlw

Semua Jalur Pemberian Donasi:
https://www.otakada.org/partnership-giving
Terima kasih atas dukungan Anda.
Terima kasih telah menabur benih dalam panen. Terima kasih telah membantu kami menyampaikan pesan Kristus kepada bangsa-bangsa.
Semoga Tuhan memberkati Anda dengan limpah, melimpahkan berkat kepada Anda dengan berlimpah-limpah, dan melipatgandakan setiap benih yang Anda tabur untuk kemuliaan-Nya.
Dalam nama Yesus yang perkasa, Amin.

—Duta Besar Senin O. Ogbe , Zacharias Godseagle ; Kenyamanan Ladi Ogbe
Pendiri, God's Eagle Ministries (GEM)
www.otakada.org

Bagaimana Dilahirkan Kembali dan Memulai Hidup Baru Bersama Kristus

Mungkin Anda pernah berjalan bersama Yesus sebelumnya, atau mungkin Anda baru saja bertemu dengan-Nya melalui 40 hari ini. Tetapi saat ini, sesuatu di dalam diri Anda sedang bergejolak.

Kamu siap untuk lebih dari sekadar agama.

Kamu siap untuk **menjalin hubungan** .

Kamu siap untuk berkata, "Yesus, aku membutuhkan-Mu."

Inilah kebenarannya:

"Karena semua orang telah berdosa; kita semua tidak mencapai standar kemuliaan Allah... namun Allah, dalam kasih karunia-Nya, dengan cuma-cuma mendamaikan kita di hadapan-Nya."

— Roma 3:23-24 (NLT)

Anda tidak bisa mendapatkan keselamatan.

Anda tidak bisa memperbaiki diri sendiri. Tetapi Yesus telah membayar harga yang sepenuhnya — dan Dia menunggu untuk menyambut Anda pulang.

Bagaimana Cara Terlahir Kembali

Menjadi lahir baru berarti menyerahkan hidup Anda kepada Yesus — menerima pengampunan-Nya, percaya bahwa Dia telah mati dan bangkit kembali, serta menerima Dia sebagai Tuhan dan Juruselamat Anda.

Ini sederhana. Ini ampuh. Ini mengubah segalanya.

Ucapkan Doa Ini dengan Lantang:

"Tuhan Yesus, aku percaya Engkau adalah Putra Allah. Aku percaya Engkau mati untuk dosa-dosaku dan bangkit kembali. Aku mengaku telah berdosa dan membutuhkan pengampunan-Mu. Hari ini, aku bertobat dan meninggalkan jalan lamaku. Aku mengundang Engkau masuk ke dalam hidupku untuk menjadi Tuhan dan Juruselamatku. Sucikan aku. Penuhi

aku dengan Roh-Mu. Aku menyatakan bahwa aku dilahirkan kembali, diampuni, dan bebas. Mulai hari ini dan seterusnya, aku akan mengikuti-Mu—dan aku akan hidup di jalan-Mu. Terima kasih karena telah menyelamatkanku. Dalam nama Yesus, amin."

Langkah Selanjutnya Setelah Keselamatan

1. **Beritahu Seseorang** – Bagikan keputusan Anda dengan seseorang yang Anda percayai dan memiliki keyakinan yang sama.
2. **Temukan Gereja Berbasis Alkitab** – Bergabunglah dengan komunitas yang mengajarkan Firman Tuhan dan menghidupinya. Kunjungi pelayanan God's Eagle secara online melalui https://www.otakada.org atau https://chat.whatsapp.com/H67spSun32DDTma8TLh0ov
3. **Dapatkan Baptisan** – Ambil langkah selanjutnya secara terbuka untuk menyatakan iman Anda.
4. **Bacalah Alkitab Setiap Hari** – Mulailah dengan Injil Yohanes.
5. **Berdoalah Setiap Hari** – Berbicaralah kepada Tuhan sebagai seorang sahabat dan Bapa.
6. **Tetap Terhubung** – Kelilingi diri Anda dengan orang-orang yang mendukung langkah baru Anda.
7. **Mulailah proses pemuridan di dalam komunitas** – Kembangkan hubungan pribadi dengan Yesus Kristus melalui tautan-tautan ini.

Pelatihan Murid 40 Hari 1 - https://www.otakada.org/get-free-40-days-online-discipleship-course-in-a-journey-with-jesus/

40 Murid 2 - https://www.otakada.org/get-free-40-days-dna-of-discipleship-journey-with-jesus-series-2/

Momen Keselamatanku

Tanggal : _______________________

Tanda tangan : ____________________

"Barangsiapa berada di dalam Kristus, ia adalah ciptaan baru; yang lama telah berlalu, yang baru telah datang!"

— 2 Korintus 5:17

Sertifikat Kehidupan Baru di dalam Kristus

Pernyataan Keselamatan – Lahir Kembali oleh Anugerah
Ini menyatakan bahwa

____

(Nama Lengkap)
telah menyatakan **imannya secara terbuka kepada Yesus Kristus**
sebagai Tuhan dan Juruselamat dan telah menerima karunia keselamatan cuma-cuma melalui kematian dan kebangkitan-Nya.
"Jika kamu mengaku secara terang-terangan bahwa Yesus adalah Tuhan dan percaya dalam hatimu bahwa Allah telah membangkitkan Dia dari antara orang mati, maka kamu akan diselamatkan."
— Roma 10:9 (NLT)
Pada hari ini, surga bersukacita dan sebuah perjalanan baru dimulai.

Tanggal Keputusan : __________________________

Tanda tangan : __________________________________

Pernyataan Keselamatan
"Hari ini, aku menyerahkan hidupku kepada Yesus Kristus. Aku percaya Dia mati untuk dosa-dosaku dan bangkit kembali. Aku menerima Dia sebagai Tuhan dan Juruselamatku. Aku diampuni, dilahirkan kembali, dan dijadikan baru. Mulai saat ini, aku akan berjalan mengikuti jejak-Nya."
Selamat datang di Keluarga Allah!
Namamu tertulis dalam Kitab Kehidupan Anak Domba.
Kisahmu baru saja dimulai — dan itu abadi.

TERHUBUNG DENGAN PELAYANAN ELANG TUHAN

- Situs web: www.otakada.org
- Seri Kekayaan Melampaui Kekhawatiran: www.wealthbeyondworryseries.com
- Email: ambassador@otakada.org

- **Dukung karya ini:**

Dukung proyek-proyek kerajaan, misi-misi, dan sumber daya global gratis melalui pemberian yang dipimpin oleh perjanjian.

Pindai Kode QR untuk Memberi

https://tithe.ly/give?c=308311

Kemurahan hati Anda membantu kami menjangkau lebih banyak jiwa, menerjemahkan sumber daya, mendukung misionaris, dan membangun sistem pemuridan di seluruh dunia. Terima kasih!

Biografi Penulis

Zacharias Godseagle

Penulis • Guru • Pemimpin Visioner

Zacharias Godseagle adalah seorang pengajar Firman yang penuh semangat dan suara yang bijaksana bagi Tubuh Kristus. Dengan karunia unik berupa wawasan spiritual, Zacharias melayani dengan kejelasan, kedalaman nubuat, dan keinginan yang membara untuk melihat orang percaya berjalan dalam kemurnian, kesalehan, dan penyerahan diri yang autentik kepada Kristus.

Sebagai rekan kerja dalam pelayanan God's Eagle Ministries (GEM), ia memainkan peran penting dalam membentuk konten pemuridan, pencerahan alkitabiah, dan penjangkauan berbasis media yang menyentuh kehidupan di berbagai ranah digital dan fisik. Tulisan-tulisannya berfokus pada transformasi batin, ketaatan, dan pemulihan Kristus ke takhta hati orang percaya.

Zacharias didorong oleh keyakinan sederhana: **ketika hati selaras, takdir pun selaras.**

Ia terus menjangkau khalayak di seluruh dunia melalui pengajaran, bimbingan, dan proyek-proyek kreatif yang dipenuhi Roh Kudus.

Duta Besar Monday O. Ogbe

Penulis • Komunikator Misionaris • Pendiri, God's Eagle Ministries (GEM)

Duta Besar Monday Oreojo Ogwuojo Ogbe adalah pendiri **God's Eagle Ministries (GEM)** —sebuah misi global dengan mandat untuk "menghubungkan orang kepada Tuhan melalui Firman-Nya." Dikenal karena hasratnya yang kuat akan kebenaran, penceritaan yang menyentuh hati, dan pengajaran profetik, ia melayani di berbagai negara melalui tulisan, podcasting, pembuatan film, penginjilan digital, dan pemuridan.

Dengan latar belakang kepemimpinan, media, dan misi, Duta Besar Monday membawa karunia lintas budaya yang bergema dari Afrika hingga Asia, Amerika, Eropa, dan Timur Tengah. Ajarannya membahas pertempuran tersembunyi dalam hati orang percaya—keserakahan, pergumulan identitas, kepuasan diri rohani, dan erosi halus keintiman dengan Tuhan.

Ia adalah penulis berbagai renungan, seri buku, dan pengajaran multimedia yang menjangkau jutaan orang melalui otakada.org dan platform digital GEM.

Pesan hidupnya sederhana namun mendalam:

"Ketika Kristus berada di pusat, segala sesuatu yang lain akan menempati tempatnya yang semestinya."

Comfort Ladi Ogbe

Penulis • Pendoa Syafaat • Rekan Sekerja dalam Pelayanan

Comfort Ladi Ogbe adalah seorang penulis, pendoa syafaat, dan rekan kerja dalam penugasan Kerajaan Allah di God's Eagle Ministries. Dikaruniai belas kasih, kebijaksanaan, dan semangat yang penuh perhatian, ia membawa kedalaman emosional dan landasan spiritual pada setiap proyek yang ia kerjakan.

Kontribusinya—seringkali di balik layar—membawa aroma kerendahan hati, kebijaksanaan, dan penyembuhan. Comfort melayani melalui konseling, doa, pemuridan, dan kolaborasi kreatif, terutama dalam karya-karya yang menekankan pemulihan keluarga, kedewasaan spiritual, dan transformasi hati.

Sebagai seorang penulis, ia menulis berdasarkan pengalaman hidup dan keyakinan spiritual, menawarkan kepada pembaca kejelasan, kenyamanan, dan dorongan untuk mengejar kesempurnaan di dalam Kristus.

Comfort berkomitmen untuk membantu orang percaya mengalami Tuhan bukan hanya dalam pengetahuan, tetapi dalam kehidupan sehari-hari—di mana hati belajar untuk percaya, menyerah, dan berkembang.

Halaman Penulis:
https://www.amazon.com/stores/Zacharias-Godseagle/author/B0FCZ89D4K

BUKU & SUMBER DAYA YANG DIREKOMENDASIKAN

Santo Agustinus dari Hippo (354–430 M)
Dari Hati yang Gelisah Menuju Kehidupan Tertulis - Surat-surat Kehidupan – Seri Renungan 40 Hari - 1

Tautan Ebook Amazon -
https://www.amazon.com/ST-AUGUSTINE-HIPPO-354-430-Devotional-ebook/dp/B0GJN8N9XS

Tautan pemesanan buku paperback di Amazon -
https://www.amazon.com/St-Augustine-Hippo-354-430-Devotional/dp/B0GJWTVLR6

Ingramspark -
https://shop.ingramspark.com/b/084?params=BZOOW3dj93aGEtBL2Fv1VY8wV1OQvA10dtZRDgk7Z9Z

PINDAI SAYA

PEMBARUAN 7
Sembuhkan Jantung Rumah Anda dalam 7 Hari
Seri Pembaruan – Edisi Persatuan Keluarga

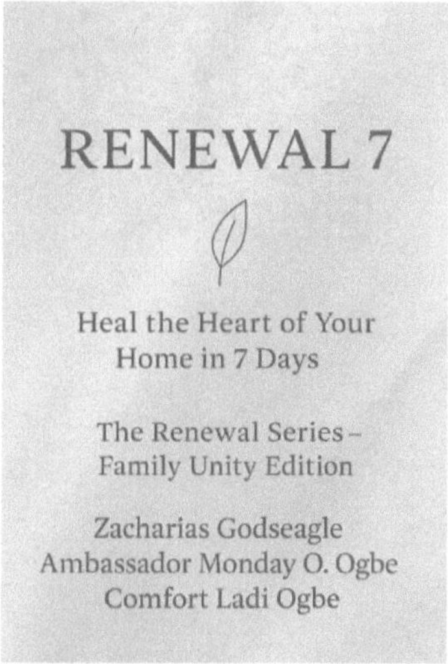

Tautan ke Buku Paperback - https://shop.ingramspark.com/b/084?params=htyfL002e1JzyEpZWkKtaXWF5FJ1jZFOjgiQKEfcbnw

Tautan ke Halaman Amazon Versi Cetak - https://www.amazon.com/RENEWAL-Heal-Heart-Your-Renewal/dp/B0GD92153W

Tautan ke Ebook Amazon –

https://www.amazon.com/RENEWAL-Heal-Heart-Your-Renewal-ebook/dp/B0G91BMFND

PINDAI SAYA –

Pembaruan 7: Sembuhkan Jantung Rumah Anda dalam 7 Hari
Seri Pembaharuan — Edisi Persatuan Keluarga

Tautan ke Buku Cetak -
https://shop.ingramspark.com/b/084?params=nSEELv9oUsItOu5akVZlg4ycGbbmvlBOtSiqeOZr5yQ

Tautan ke buku fisik di Amazon -
https://www.amazon.com/RENEWAL-MARRIAGE-Heart-Marriage-Renewal/dp/B0GDC1YZJ7

Tautan ke Ebook Amazon -
https://www.amazon.com/RENEWAL-MARRIAGE-Heart-Marriage-Renewal-ebook/dp/B0G6JXJWJL

Takhta hati – 12 pertempuran yang harus kita menangkan

Ebook Amazon -
https://www.amazon.com/THRONE-HEART-COVETOUSNESS-Counterfeit-CONTENTMENT-ebook/dp/B0G4SPFRY7

Buku saku Amazon -
https://www.amazon.com/THRONE-HEART-COVETOUSNESS-Counterfeit-CONTENTMENT/dp/B0G4TKW1ND

Buku bersampul tipis dari Ingramspark -
https://shop.ingramspark.com/b/084?params=a75LJXtvvI63VnzeQPleQTkAJWfu8CPQV6l5Oe31D80

4 Khotbah dalam 1 oleh Zacharias Godseagle dengan tautan Audio –

Ebook Amazon - https://www.amazon.com/Sermons-Zacharias-Godseagle-Audio-links-ebook/dp/B0G4XCH4TW

Buku saku Amazon - https://www.amazon.com/Sermons-Zacharias-Godseagle-Audio-links/dp/B0G4TK4XGT

Link Ingram Spark untuk buku bersampul tipis - https://shop.ingramspark.com/b/084?params=nK2JERskkbhdAOSNseTUNRhaCFqUPZuhB4uYfqrXvGb

KODE ZIARAH: Kebangkitan AI

Ebook - https://www.amazon.com/Logos-Protocol-Awakening-artificial-intelligence-ebook/dp/B0FXNQFSWZ

Buku saku - https://www.amazon.com/Logos-Protocol-Awakening-artificial-intelligence/dp/B0FXNGR66D

Buku sampul keras - https://www.amazon.com/Logos-Protocol-Awakening-artificial-intelligence/dp/B0FZNTQR6Y

Buku saku Ingramspark - https://shop.ingramspark.com/b/084?params=QkK4aNYTYO9U5z9uOkdHgc7Ue1eGDLqbb1tz9WRPaSk

Mengapa Pembebasan Gagal - dan Bagaimana Api Allah Memulihkan Jiwa: 40 Pernyataan Harian untuk Pembebasan Menyeluruh

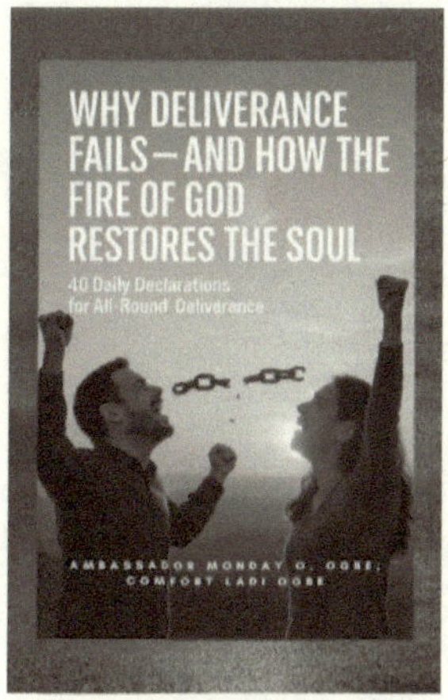

Ebook - https://www.amazon.com/Why-Deliverance-Fails-Declarations-All-Round-ebook/dp/B0FW74L4G4

Buku saku - https://www.amazon.com/Why-Deliverance-Fails-Declarations-All-Round/dp/B0FWB3LXRM

Diselamatkan tetapi Tersesat – Mualaf yang Tidak Didisiplinkan – diterjemahkan ke dalam 25 bahasa

Buku bersampul tipis
https://shop.ingramspark.com/b/084?params=iYNB6S3PLMfREpm0jMM15bMe3BvWlkjcYyLYnHVGAds
Ebook - https://www.amazon.com/SAVED-BUT-LOST-UNDISCIPLED-heartbreak-ebook/dp/B0FVJ29DF7

7 HARI PEPERANGAN ROHANI & PEMULIHAN - ini Bagian 1

Mengikat Musuh, Membalas Panah Tujuh Kali Lipat, dan Memulihkan Takdirmu

https://shop.ingramspark.com/b/084?params=8mPzqUl73Ex7uPyeO7ydyt8EGkkB6u2gX1jZvWU8j1C

Tautan e-book - https://www.amazon.com/DAYS-SPIRITUAL-WARFARE-RECOVERY-Returning-ebook/dp/B0FMPJM5KZ

7 HARI PEPERANGAN ROHANI & PEMULIHAN - Bagian 2 - Mengukuhkan Kemenangan,

Menghancurkan Kejahatan Rumah Tangga, dan Memelihara Takdir Anda yang Dipulihkan

Buku bersampul tipis -
https://shop.ingramspark.com/b/084?params=LkpNmGSsApHhWhiSO7bW3wFmcXQKIO4ZEBeSbP5rL1S

Ebook - https://www.amazon.com/DAYS-SPIRITUAL-WARFARE-RECOVERY-Wickedness-ebook/dp/B0FR9YCMY8

DARI KEGELAPAN MENUJU KEKUASAAN: 40 Hari untuk Membebaskan Diri dari Cengkeraman Kegelapan yang Tersembunyi

–

Renungan Global tentang Kesadaran, Pembebasan & Kekuatan - Untuk Individu, Keluarga, dan Bangsa yang Siap Merdeka

Buku bersampul tipis

https://shop.ingramspark.com/b/084?params=aVgp21QfwJxNANkfMxIQ0yejuFCVY12KFr978SRkZUD

Tautan Amazon -

https://www.amazon.com/DARKNESS-DOMINION-Devotional-Awareness-Deliverance-ebook/dp/B0FLDH2Y67

- *Terbebas dari Kuasa Kegelapan* **(Buku Saku)** — Beli di Sini | Ebook di Amazon

    - **Ulasan Teratas dari Amerika Serikat:**
        - **Pelanggan Kindle** : "Bacaan Kristen terbaik yang pernah ada!" (5 bintang)

Puji Yesus atas kesaksian ini. Saya sangat diberkati dan akan merekomendasikan setiap orang untuk membaca buku ini... Karena upah dosa adalah kematian, tetapi karunia Allah adalah hidup kekal. Shalom! Shalom!

- **Da Gster** : "Ini adalah buku yang sangat menarik dan agak aneh." (5 bintang)

Jika apa yang tertulis dalam buku itu benar, maka kita benar-benar jauh tertinggal dari apa yang mampu dilakukan musuh! ... Wajib dibaca bagi siapa pun yang ingin belajar tentang peperangan rohani.

- **Visa** : "Suka sekali buku ini" (5 bintang)

Ini sungguh mengejutkan... sebuah pengakuan jujur... Belakangan ini saya mencarinya di mana-mana untuk membelinya. Senang sekali bisa mendapatkannya dari Amazon.

- **FrankJM** : "Sangat berbeda" (4 bintang)

Buku ini mengingatkan saya betapa nyatanya peperangan rohani. Buku ini juga mengingatkan saya akan alasan mengapa kita harus mengenakan "Seluruh Perlengkapan Senjata Allah."

- **JenJen** : "Siapa pun yang ingin masuk Surga, bacalah ini!" (5 bintang)

Buku ini sangat mengubah hidup saya. Bersama dengan kesaksian John Ramirez, buku ini akan membuat Anda melihat iman Anda dengan cara yang berbeda. Saya sudah membacanya 6 kali!

- *Mantan Pemuja Setan: The James Exchange* (Buku Saku) — Beli di Sini | Ebook di Amazon

- ***KESAKSIAN SEORANG MANTAN PENGANUT SETAN DARI AFRIKA*** - *Pastor JONAS LUKUNTU MPALA* (Buku Saku) — Beli di Sini | Ebook di Amazon

- *Greater Exploits 14* (Buku Saku) — Beli di Sini | Ebook di Amazon

- *Out of the Devil's Cauldron* karya John Ramirez — Tersedia di Amazon
- *Dia Datang untuk Membebaskan Para Tawanan* karya Rebecca Brown — Temukan di Amazon

Buku-buku lain yang diterbitkan oleh penulis – Lebih dari 1000 judul

Dikasihi, Dipilih, dan Utuh : Perjalanan 30 Hari dari Penolakan menuju **Pemulihan** , diterjemahkan ke dalam 40 bahasa di dunia.

https://www.amazon.com/Loved-Chosen-Whole-Rejection-Restoration-ebook/dp/B0F9VSD8WL

https://shop.ingramspark.com/b/084?params=xga0WR16muFUwCoeMUBHQ6HwYjddLGpugQHb3DVa5hE

Mengikuti Jejak-Nya — Tantangan WWJD 40 Hari: Hidup Seperti Yesus dalam Kisah Nyata di Seluruh Dunia

https://www.amazon.com/His-Steps-Challenge-Real-Life-Stories-ebook/dp/B0FCYTL5MG

https://shop.ingramspark.com/b/084?params=DuNTWS59IbkvSKtGFbCbEFdv3Zg0FaITUEvlK49yLzB

YESUS DI DEPAN PINTU:
40 Kisah yang Mengharukan dan Peringatan Terakhir Surga untuk Gereja-gereja MASA KINI
https://www.amazon.com/dp/B0FDX31L9F

https://shop.ingramspark.com/b/084?params=TpdA5j8WP
vw83glJ12N1B3nf8LQte2a1lIEy32bHcGg

KEHIDUPAN PERJANJIAN: 40 Hari Menjalani Berkat Ulangan 28

- https://www.amazon.com/dp/B0FFJCLDB5

Kisah dari Orang Nyata, Ketaatan Nyata, dan Kenyataan Nyata

https://shop.ingramspark.com/b/084?params=bH3pzfz1zdCOLpbs7tZYJNYgGcYfU32VMz3J3a4e2Qt

Transformasi dalam lebih dari 20 bahasa

MENGENALNYA & MENGENALNYA:
40 Hari Menuju Penyembuhan, Pemahaman, dan Cinta Abadi

https://www.amazon.com/KNOWING-HER-HIM-Healing-Understanding-ebook/dp/B0FGC4V3D9

https://shop.ingramspark.com/b/084?params=vC6KCLoI7Nnum24BVmBtSme9i6k59p3oynaZOY4B9Rd

LENGKAPI, BUKAN BERSAING:
Perjalanan 40 Hari Menuju Tujuan, Persatuan, dan Kolaborasi

https://shop.ingramspark.com/b/084?params=5E4v1tHgeTqOOuEtfTYUzZDzLyXLee30cqYo0Ov9941

https://www.amazon.com/COMPLETE-NOT-COMPETE-Journey-Collaboration-ebook/dp/B0FGGL1XSQ/

KODE KESEHATAN ILAHI - 40 Kunci Harian untuk Mengaktifkan Penyembuhan Melalui Firman dan Ciptaan Tuhan Buka Kekuatan Penyembuhan dari Tumbuhan, Doa, dan Tindakan Kenabian

https://shop.ingramspark.com/b/084?params=xkZMrYcEHnrJDhe1wuHHYixZDViiArCeJ6PbNMTbTux

https://www.amazon.com/dp/B0FHJT42TK

Buku-buku lainnya dapat ditemukan di halaman penulis
https://www.amazon.com/stores/Ambassador-Monday-O.-Ogbe/author/B07MSBPFNX

www.ingramcontent.com/pod-product-compliance
Lightning Source LLC
LaVergne TN
LVHW040415051026
849517LV00002B/318